SYLWIA ERDMANSKA-KOLANCZYK

Polnische Küche

VIELFALT DER REGIONEN

LEOPOLD STOCKER VERLAG

GRAZ – STUTTGART

Alle Bilder stammen von der Autorin.

Der Inhalt dieses Buches wurde von der Autorin und vom Verlag nach bestem Gewissen geprüft, eine Garantie kann jedoch nicht übernommen werden. Die juristische Haftung ist ausgeschlossen.

Bibliografische Information der Deutschen Nationalbibliothek
Die Deutsche Nationalbibliothek verzeichnet diese Publikation in der Deutschen Nationalbibliografie; detaillierte bibliografische Daten sind im Internet unter http://dnb.d-nb.de abrufbar.

Hinweis: Dieses Buch wurde auf chlorfrei gebleichtem Papier gedruckt. Die zum Schutz vor Verschmutzung verwendete Einschweißfolie ist aus Polyethylen chlor- und schwefelfrei hergestellt. Diese umweltfreundliche Folie verhält sich grundwasserneutral, ist voll recyclingfähig und verbrennt in Müllverbrennungsanlagen völlig ungiftig.

Auf Wunsch senden wir Ihnen gerne kostenlos unser Verlagsverzeichnis zu:
Leopold Stocker Verlag GmbH
Hofgasse 5/Postfach 438
A-8011 Graz
Tel.: +43 (0)316/82 16 36
Fax: +43 (0)316/83 56 12
E-Mail: stocker-verlag@stocker-verlag.com
www.stocker-verlag.com

ISBN 978-3-7020-2098-9

Umschlaggestaltung, Layout und Repro: DSR Werbeagentur Rypka GmbH, 8143 Dobl/Graz, www.rypka.at

Inhalt

GLOSSAR

Blaubeeren (Heidelbeeren, Schwarzbeeren)
Blumenkohl (Karfiol)
Brühe (Suppe)
Buletten (Laibchen)
Eigelb (Eidotter)
Eiweiß (Eiklar)
Gemüsebrühe (Gemüsesuppe)
Hefe (Germ)
Kohl (Kraut)
Konfitüre (Marmelade)
Lauch (Porree)
Möhren (Karotten)
Napfkuchen (Gugelhupf)
Oberschale (Teil der Keule)
Paniermehl (Semmelbrösel)
Plätzchen (Kekse)
Porree (Lauch)
Rinderbrühe (Rindsuppe)
Rote Bete (Rote Rüben)
Sahne (Obers)
Schälerbsen (getrocknete Erbsen, Spalterbsen)
Weißkohl (Weißkraut)
Wirsing (Kohl)

ALLGEMEINE INFORMATIONEN

Backtemperatur und Backzeit: Jeder Backofen bäckt anders, deshalb sind Temperatur- und Zeitangaben lediglich Richtwerte. Wenn nicht anders erwähnt, ist immer Ober-/Unterhitze gemeint.

Abkürzungen: EL (Esslöffel); TL (Teelöffel); KL (Kaffeelöffel); Msp. (Messerspitze); P. (Packung); Stk. (Stück).

Mengen: 1 Prise: so viel, wie zwischen Daumen und Zeigefinger Platz hat; 1 Schuss: ca. 2 cl; 1 Ei (Größe M): 50–55 g; 1 Eigelb: 15–20 g; 1 Eiweiß: 25–30 g; 1 Zwiebel: ca. 100 g; 1 kleine Zwiebel: ca. 70 g

Mehl: Die Typenbezeichnungen bei Mehl sind in Deutschland anders als in Österreich. Wenn nicht anders erwähnt, ist bei den Rezepten immer Weizenmehl der Type 405 oder 550 gemeint, das in Österreich der Type W480 bzw. W700 entspricht.

Vorwort

Ich bin in Polen in der Woiwodschaft Pommern aufgewachsen. Besonders gerne war ich bei meinen Großeltern, die einen kleinen Bauernhof besaßen. Schon als kleines Mädchen schaute ich gerne meiner Oma zu, wie sie aus einfachen Zutaten köstliche Gerichte zauberte. Gemüse spielte eine wichtige Rolle, denn mit der Ernte aus ihrem großen Garten konnte sie die Familie das ganze Jahr über selbst versorgen.
Von meiner Oma lernte ich sehr viel über die polnische Küche. Die Begeisterung für mein Heimatland und seine Köstlichkeiten ist bis heute tief in meinem Herzen verankert.
Mit diesem Buch möchte ich Sie auf eine kleine Reise durch sechs der insgesamt 16 Woiwodschaften Polens mitnehmen (siehe Karte auf S. 176). Ausgesucht habe ich jene Regionen, die berühmt für ihre kulinarischen Spezialitäten und regionalen Produkte sind; viele ihrer typischen und traditionellen Gerichte sind auch überregional bekannt.
Viele der Rezepte im Buch zählen zu meinen Lieblingsrezepten. Einige stammen aus meiner Heimatregion Pommern mit der Kaschubei, manche aber auch aus Schlesien, Ermland-Masuren, Klein- und Großpolen oder aus dem Karpatenvorland.
Jedes Rezept erzählt eine Geschichte, und alle zusammen bilden das Herz, das die Esskultur meines geliebten Landes ausmacht.

Ich wünsche Ihnen „smacznego“ (guten Appetit)!

Ihre Sylwia

GDANSK
GDANSK
GDANSK

Pommern mit der Kaschubei

Land & Leute

GEOGRAFIE & LANDSCHAFT

Im Norden Polens an der Ostseeküste liegen die beiden Woiwodschaften Westpommern und Pommern. In diesem Kapitel soll nur auf Pommern eingegangen werden. Diese Region Polens ist berühmt für seine vielfältige Landschaft, die von wunderschönen Sandstränden an der Küste über fruchtbare landwirtschaftlich genutzte Gebiete bis hin zu malerischen Landschaften voller Flüsse, Wälder und Seen reicht – ein Teil der Pommerschen Seenplatte erstreckt sich nämlich auch über diese Region. Die Hauptstadt Danzig ist eine pulsierende Stadt mit sehenswerter Architektur und außergewöhnlichen Museen. Ein schmaler Landstrich in Pommern, der südwestlich von Danzig von der Ostsee nach Süden ins Landesinnere reicht, ist die Kaschubei (Kaschubien).

BEVÖLKERUNG & BRAUCHTUM

Im ehemals mehrheitlich deutsch besiedelten Pommern erfolgte nach Ende des Zweiten Weltkriegs eine Zuwanderung von Menschen, die aus den ehemaligen polnischen Ostgebieten vertrieben worden waren. Im Landstrich Kaschubei hingegen leben die Kaschuben, eine kulturell-ethnische Minderheit, die von anderen Polen als die fleißigsten Einwohner des Landes angesehen werden. Es handelt sich um Nachkommen westslawischer pommerscher Stämme. Die Kaschuben legen großen Wert auf Tradition und ihre typische kaschubische Küche. Sie sprechen einen eigenen Dialekt und haben eine eigene Schrift, ihre Volkstrachten sind farbenfroh, ihre Lieder und Musikinstrumente originell.

Regionale Besonderheiten & Produkte

FLEISCH & FISCH

Sowohl in der kaschubischen als auch in der pommerschen Küche spielen Fischgerichte die Hauptrolle, was an den vielen Flüssen, Seen und am Zugang zum Meer liegt. Aus Salz- und Süßwasserfischen wie Aal, Stör, Barbe, Scholle, Lachs, Dorsch oder Karpfen werden abwechslungsreiche Gerichte zubereitet. Neben Fisch ist jedoch auch Geflügel sehr beliebt, Gerichte wie Gans auf Pommern Art oder Ente nach Danziger Art zählen daher zu den Traditionsgerichten der Region, ebenso wie Wildgerichte oder „Zylc", eine Fleisch- oder Fischsülze, die oft mit Essig serviert wird. Als Digestif trinkt man gerne einen Gewürzlikör, das sogenannte Danziger Goldwasser.

LANDWIRTSCHAFTLICHE PRODUKTE

In Pommern werden etwa 50 % der Fläche landwirtschaftlich genutzt. Angebaut werden v. a. Getreide, Feldfrüchte wie Zuckerrüben oder Kartoffeln, aber auch Gemüse und Obst. So ist die Kaschubei z. B. berühmt für den Anbau von Erdbeeren, einem anerkannten Regionalprodukt, jedes Jahr im Juni findet hier das kaschubische Erdbeerfest statt.

SCHÄTZE AUS WALD & WIESE

Der Waldreichtum Pommerns ist der Grund für die große Rolle, die Pilze und Waldfrüchte in der regionalen Küche Pommerns und der Kaschubei spielen. Steinpilze, Safranpilze, Pfifferlinge, Grünlinge u. v. m. werden zu Fleisch, Suppen, Bigos, Saucen oder zu Füllungen für Pierogen verarbeitet. Eine echte Delikatesse sind Safranpilze, die wie eine Art Kotelett in Schmalz gebraten werden. In den Wäldern werden aber auch Blaubeeren (Heidelbeeren), Brombeeren und Walderdbeeren gesammelt.

Regionale Traditionsgerichte

Die pommersche Küche ist sozusagen zweigeteilt, was auf früher zurückgeht, als es einerseits die bürgerlich-höfische und andererseits die ländliche Küche der ärmeren Bevölkerung gab. Im alten Danzig z. B. zeichnete sich die Küche durch ihre Pracht und Vielfalt an Luxusprodukten aus. In der Kaschubei hingegen wurde gegessen, was das Land hergab. Die hart arbeitende Bevölkerung bevorzugte nahrhafte, aber einfache und schnell zubereitete Gerichte aus fettem Fisch und Fleisch, Waldbeeren, Pilzen und Gemüse, das in jedem Hausgarten angebaut wurde.

FISCHGERICHTE

Die Region Pommern mit der Kaschubei ist berühmt für ihren hervorragenden Fisch, der frisch zubereitet oder geräuchert genossen wird. An der Ostsee gehören Sprotten zu den am häufigsten gefangenen Fischen, die häufig paniert und frittiert werden – v. a. für Touristen sind diese „Sprotten-Pommes" eine Delikatesse. Besonders beliebt sind Heringe in verschiedensten Zubereitungsvarianten, vom gebratenen Hering mit Zwiebeln bis hin zum „*Śledź po kaszubsku*", dem Hering auf kaschubische Art. Dieses Fischgericht ist neben dem allseits bekannten Hering in Sahnesoße ebenfalls sehr populär in dieser Region. Charakteristisch für den Hering nach kaschubischer Art ist die Tomatensoße mit gedünsteten Zwiebeln, Majoran, getrockneten Pflaumen und sauren Gurken, die für den speziellen süßsauren Geschmack sorgen. Allerdings gibt es auch andere Variationen, zum Beispiel mit Rosinen.

KOSTBARKEIT HONIG

In Pommern und der Kaschubei bieten die Wälder, Wiesen, Hecken, Obstkulturen, Raps- und Sonnenblumenfelder sowie blühende Gärten eine schier unerschöpfliche Quelle an Nektar, Pollen und Honigtau für die Bienenvölker. Die vielen Hobby-Imker pflegen die polnische Honig-Tradition und stellen viele verschiedene naturreine Honigsorten her.

SUPPEN

Fischsuppen aus verschiedenen Meeres- und Süßwasserfischarten (z. B. Hecht, Zander, Barsch, Brasse, Plötze oder Schleie) erfreuen sich in Pommern und der Kaschubei großer Beliebtheit, ebenso wie verschiedenste Variationen von Pilzsuppen. Es lohnt sich auch, die Suppe „*Dziadówka*" auf Basis von Buttermilch, Kartoffeln und Speck zu probieren. Sehr außergewöhnlich ist die „*Czernina*", auch schwarze Suppe genannt, eine traditionelle Suppe aus Enten- oder Gänseblut, serviert mit Trockenfrüchten. Ein traditionelles Fastengericht aus Trockenfrüchten, eingedickt mit Sahne und Mehl ist die „*Brzadowa-Suppe*". Die Heiligabend-Version ist mit getrockneten Pilzen angereichert.

GEMÜSEGERICHTE & TEIGTASCHEN

Viele Gemüsegerichte wie z.B. die traditionellen kaschubischen Kartoffelpuffer, die meist mit einem cremigen Dip aus Sahne und Hüttenkäse serviert werden oder Kuchen, Aufläufe oder Eintöpfe mit Gemüse sind typisch für die Region. Und natürlich gibt es auch hier Variationen von Pierogen, z. B. gefüllt mit Kartoffeln und Quark, aber auch mit Fleisch, Spinat, Fisch und Pilzen. Im Sommer serviert man sie auch gerne süß mit Heidelbeeren oder Erdbeeren.

SÜSSSPEISEN, BROT & GEBÄCK

„*Kaszubskie ruchanki*" sind in Schmalz gebratene Hefeküchlein, serviert mit Fruchtsoße oder bestreut mit Puderzucker, die nicht nur in Pommern und der Kaschubei beliebt sind. Erwähnenswert ist auch die Vorliebe für Kuchen mit Beerenobst sowie für das traditionelle kaschubische Brot mit seiner aromatischen Kruste und saftigen Krume.

Tipp

Die gehackten Tomaten sollten Top-Qualität haben, denn feinstes Tomatenfruchtfleisch macht die Suppe herrlich fruchtig. Am besten schmecken natürlich frische Tomaten, die in feine Würfel geschnitten werden.

Pomidorowa Zupa rybna

Fruchtige Tomaten-Fisch-Suppe

Diese Variante der traditionellen Fischsuppe bietet eine perfekte Harmonie aus Tomaten, frischem Gemüse, Kräutern und feinen Fischfilets und macht dieses Gericht zum absoluten Favoriten. Die traditionelle Fischsuppe (ohne gehackte Tomaten) wurde in Pommern früher sowohl in adeligen Häusern als auch in ländlichen Hütten serviert. Heute wird die Suppe (in verschiedensten Variationen) meistens am Heiligen Abend oder freitags gegessen.

Zutaten für 4 Portionen

1 Zwiebel
1 Knoblauchzehe
250 g Kartoffeln
250 g Möhren
1 rote Paprikaschote
200 g Lauch
2 EL Butter
1 EL Tomatenmark
1 Dose klein gehackte Tomaten
1–1,5 l Gemüsebrühe (alternativ Instantbrühe)
1 Lorbeerblatt
1 EL Zucker
½ TL Chiliflocken
Salz und Pfeffer
½ Bd. Dill oder Petersilie
400 g Fischfilets (z. B. Seelachs, Kabeljau bzw. Dorsch)
1 Zitrone

Zubereitung

Zwiebel und Knoblauch schälen und fein hacken.

Kartoffeln, Möhren und Paprikaschote waschen, in Würfel schneiden.

Lauch putzen, gründlich waschen und in dünne Ringe schneiden.

Butter in einem Topf erhitzen, darin Zwiebel, Knoblauch und Lauch 2–3 Minuten andünsten.

Dann Kartoffel-, Möhren- und Paprikawürfel sowie Tomatenmark untermischen, kurz mitbraten.

Die Gemüsebrühe angießen, die klein gehackten Tomaten dazugeben, Lorbeerblatt, Zucker, Chiliflocken, etwas Salz und Pfeffer zufügen, die Suppe zugedeckt 15 Minuten köcheln lassen.

In der Zwischenzeit Dill oder Petersilie fein hacken, Fischfilets in mundgerechte Stücke schneiden, salzen, pfeffern und mit wenig Zitronensaft beträufeln.

Nach Ende der Garzeit Fisch sowie gehackten Dill oder Petersilie zur Suppe hinzufügen, Hitze reduzieren und die Suppe etwa 10–15 Minuten ziehen lassen. Nach Belieben eventuell noch nachwürzen.

Falls die Suppe zu dickflüssig ist, etwas Wasser hinzufügen.

Zupa ogórkowa

Salzgurkensuppe

Diese Suppe ist ein absoluter Klassiker unter den unzähligen Suppenvariationen der polnischen Küche und gleichzeitig eines meiner Lieblingsgerichte. Wer gerne Salzgurken isst, sollte diese köstliche Suppe mit dem leicht säuerlichen Geschmack auf jeden Fall probieren. Für die polnische Gurkensuppe braucht man eingelegte Salzgurken, nicht Essiggurken!

Zutaten für 4 Portionen

200 g Kartoffeln
150 g Möhren
80 g Selleriewurzel
300 g Salzgurken
80 g Lauch
1 EL Butter
1 EL Öl
1,5 l Hühnersbrühe
½ TL Salz
frisch gemahlener Pfeffer
150 g Crème fraîche oder Sahne
2 Stängel frischer Dill

Zubereitung

Kartoffeln schälen in Würfel schneiden, Möhren und Sellerie schälen und grob raspeln, Salzgurken ebenfalls grob raspeln, Lauch putzen, waschen und in Ringe schneiden.

Butter und Öl in einem Topf erhitzen und Lauchringe darin glasig dünsten. Kartoffeln, Sellerie und Möhren zufügen, mit Hühnerbrühe ablöschen, salzen und pfeffern.

Suppe aufkochen und das Gemüse zugedeckt bei mittlerer Hitze 15 Minuten garen.

5 Minuten vor Garende die geraspelten Salzgurken in die Suppe geben und mitkochen.

Crème fraîche oder Sahne mit 4 EL von der Suppe verquirlen, diese Mischung in die Suppe rühren, kurz aufkochen lassen.

Falls nötig, mit Salz und Pfeffer abschmecken, mit fein geschnittenem Dill garniert servieren.

Tipp

Die Hühnerbrühe kann durch Wasser ersetzt werden, aber dann muss die Suppe kräftiger gewürzt werden.

Szmórowónô kapùsta

Weißkohl mit Speck

Kohl war ein sehr beliebtes Gemüse, das auf kaschubischen Bauernhöfen besonders häufig angebaut wurde. Daraus wurden nicht nur verschiedene Suppen zubereitet, das Gemüse wurde – mit herzhaften weiteren Zutaten versehen – zum Hauptgericht.

Zutaten für 4 Portionen

1 kleiner Weißkohlkopf
1 Möhre
1 Lorbeerblatt
3 Pimentkörner
3 Wacholderbeeren
etwas Salz, Pfeffer und Zucker
ca. 200 g geräucherter Bauchspeck
1 Zwiebel
1 EL Öl oder Schmalz
etwas frischer Dill

Zubereitung

Den Kohlkopf vierteln, vom Strunk befreien und fein schneiden. Möhre in kleine Würfel schneiden.

Weißkohl, Möhrenwürfel und Gewürze in einen Topf geben, Wasser zugeben (sodass das Gemüse bedeckt ist) und ca. 20 Minuten köcheln lassen, dabei oft umrühren, bis der Weißkohl bissfest ist. Danach das Kochwasser (teilweise) abgießen.

Bauchspeck und Zwiebel in Würfeln schneiden und im erhitzten Öl oder Schmalz knusprig anbraten.

Diese Mischung zum Kohl hinzufügen, alles gut miteinander vermengen, zugedeckt kurz ziehen lassen.

Danach Lorbeerblatt, Wacholderbeeren und Pimentkörner herausnehmen, abschmecken und nach Belieben nachwürzen.

Mit frischem Dill bestreut servieren.

Kaszubskie Frékasë (Ferkasy)

Hühnerfrikassée

Dieses feine Ragout aus hellem Fleisch in weißer Sauce ist ein Gericht, das in der Kaschubei bei Hochzeits-, Geburtstags- oder Kommunionsfeiern nicht fehlen darf. Je nach „Hausrezept“ wird es mit Stachelbeerkompott oder mit Rosinen verfeinert, dadurch entsteht ein süßlicher Geschmack. Wer eine leichte Säure bevorzugt, kann auch noch etwas Zitronensaft beifügen.

Zutaten

1 küchenfertiges Hühnchen (ca. 1,2 kg)
ca. 2 l Wasser
Salz
1 Bund Suppengrün
2 Lorbeerblätter
etwas Salz und Pfeffer

SOSSE
60 g Butter
60 g Mehl
60 g Rosinen
100 g Erbsen (TK-Ware)
ca. 50 ml Sahne

BEILAGE
ca. 500 g gekochten Reis oder gekochte Kartoffeln

Zubereitung

Das Hühnchen in ca. 2 Litern gesalzenem Wasser mit dem Suppengrün, Salz und Pfeffer sowie den Lorbeerblättern etwa 75 Minuten kochen (die Möhren vom Suppengrün früher herausnehmen, etwas abkühlen lassen und in Scheiben schneiden).

Das Hühnchen aus der Brühe nehmen, etwas abkühlen lassen.

Dann das Fleisch von den Knochen lösen und in mundgerechte Stücke schneiden oder zupfen.

Die Brühe durch ein Sieb gießen und beiseitestellen.

Für die Soße die Butter in einem Topf schmelzen, das Mehl dazugeben und unter ständigem Rühren anrösten.

Mit einem Liter von der beiseite gestellten Hühnerbrühe aufgießen, kräftig rühren, damit keine Klumpen entstehen, die Rosinen zugeben und bei geringer Temperatur etwa 5 Minuten köcheln lassen.

Die gefrorenen Erbsen 5 Minuten in Salzwasser kochen, abseihen und ebenso wie die Fleischstücke und die Möhrenscheiben zur Soße geben.

Mit Sahne, Salz und Pfeffer abschmecken, anschließend mit Reis oder gekochten Kartoffeln servieren.

Kaszëbsczé nótë

Tipp

Am besten schmecken natürlich „Frühkartoffeln", die zeitig im Jahr geerntet werden können und eine besonders zarte Schale aufweisen.

Pulki ze śledziem

Hering in Sahnesoße

mit Pellkartoffeln

Hering ist in ganz Pommern seit jeher ein Grundnahrungsmittel. Bei seinen vielen Zubereitungsmöglichkeiten ist für jeden Geschmack etwas dabei: Manche lieben Rollmops, andere lieben in Essigmarinade gebratene Heringe und wieder andere mögen den Hering am liebsten in einer cremigen Sahnesoße mit frischen Pellkartoffeln.

Zutaten für 4 Portionen

1 Zwiebel
1 Apfel
1 EL Zitronensaft
200 g Sahne
200 g Crème fraîche oder Schmand
Salz und Pfeffer
½ TL Zucker
ca. 400 g Matjes- oder Salzheringfilets
ca. 20 g frischer Dill

BEILAGE
ca. 1 kg Kartoffeln

Zubereitung

Die Zwiebel fein hacken, den Apfel schälen, vom Kerngehäuse befreien und in Würfel schneiden, sofort mit dem Zitronensaft beträufeln.

Sahne mit Crème fraîche oder Schmand vermischen, mit Salz, Pfeffer und Zucker abschmecken.

Die fein gehackte Zwiebel, die Apfelwürfel und den fein gehackten Dill dazugeben und alles gut verrühren.

Matjes- oder Heringsflets in die Sahnemischung geben, leicht vermengen, danach mindestens 1–2 Stunden im Kühlschrank ziehen lassen.

Mit den gekochten Pellkartoffeln servieren.

Smażone Śledzie z ziemniakami i surówką z kiszonej kapusty

Gebratene Heringe mit Kartoffeln

In Pommern und in der Kaschubei gibt es sehr viele Seen und Flüsse, weshalb Fisch eine wichtige Rolle in der regionalen Küche spielt. Zu den beliebtesten Fischen zählt der Hering in unterschiedlichsten Zubereitungsvarianten. Mit frischem Dill ein gesundes und traditionelles Gericht.

Zutaten für 2 Portionen

HERINGE

4 küchenfertige Heringe
1 TL Salz
½ TL Pfeffer
4 EL Mehl
Speiseöl zum Braten
1 Bund frischen Dill

SALAT

ca. 250 g Sauerkraut
1 Apfel
1 Karotte
1 kleine Zwiebel
1 TL Zucker
2 EL Speiseöl
Salz und Pfeffer
Dill oder Petersilie (optional)

Zubereitung

Für den Salat das Sauerkraut in einem Sieb abtropfen lassen. Zwiebel klein hacken.

Den Apfel schälen, vom Kerngehäuse befreien und grob raspeln, die Karotte ebenfalls schälen und raspeln.

Beides mit dem Sauerkraut und den restlichen Salatzutaten gut vermengen, mit Salz und Pfeffer abschmecken. Wer mag, kann etwas fein gehackten Dill oder Petersilie hinzufügen.

Die Heringe waschen, trocken tupfen und mit Salz und Pfeffer würzen, danach in Mehl wenden.

Das Öl in einer Pfanne erhitzen und die Heringe darin von jeder Seite ca. 5–6 Minuten goldbraun braten.

Den Dill fein hacken und die Heringe damit bestreuen.

Tipp

Am Ende der Bratzeit kann man eine Zwiebeln glasig dünsten und dazugeben. Auch frische Petersilie eignet sich hervorragend zum Bestreuen. Zu diesem Gericht passen Salzkartoffeln sehr gut. Die Heringe können aber auch ganz schlicht mit einem Stück Brot serviert werden.

Tipp

Als Beilage passen Pommes oder Salzkartoffeln gut.

Dorsz pòmùchel

Gebratenes Dorschfilet mit

Apfel-Kraut-Salat

Meeresfische, insbesondere Dorsch, Hering und Flunder, spielen in der lokalen Küche Pommerns eine sehr wichtige Rolle. Eines der typischen Danziger Mittagessen ist in Butter gebratener Dorsch. Der saftig zarte Fisch mit seiner knusprigen Haut schmeckt der ganzen Familie und ist schnell zubereitet.

Zutaten für 4 Portionen

600 g Dorschfilets
Salz und Pfeffer
ca. 10 EL Mehl
Butterschmalz oder Öl zum Braten
Zitronenspalten

SALAT

ca. 300 g Weißkohl oder Spitzkohl
1 Möhre
1 Apfel
1 kleine Zwiebel
1 kleiner Bund Dill
2–3 EL Speiseöl
1 EL Apfelessig
50 ml Apfelsaft (optional)
Salz und Pfeffer
etwas Zucker

Zubereitung

Für den Salat den geputzten und vom Strunk befreiten Kohl auf einem Gemüsehobel fein hobeln (oder ganz fein schneiden).

Die Möhre und den Apfel schälen und fein reiben. Dill sowie Zwiebel klein fein hacken.

Anschließend alle Salatzutaten vermengen und mit den Händen kräftig durchkneten, mit Salz, Pfeffer und Zucker abschmecken.

Die Dorschfilets gut mit Salz und Pfeffer würzen, danach in Mehl wenden.

Anschließend die Filets in einer Pfanne in heißem Butterschmalz oder Öl für ca. 5 Minuten von jeder Seite goldbraun anbraten.

Die Filets danach auf Küchenpapier abtropfen lassen und warm mit Zitronenspalten sowie Salat servieren.

Pierogi Ruskie

Kartoffel-Quark-Pierogi

Die bekannten und beliebten Teigtaschen zählen zu den Klassikern der polnischen Küche. Es gibt sie mit diversen Füllungen: mit Fleisch, Sauerkraut und Pilzen, vegetarisch mit Kartoffeln und Quark oder auch süß mit Obst wie Heidelbeeren oder Erdbeeren. Am liebsten esse ich Pierogen, die wie bei diesem Rezept mit Kartoffeln, Zwiebeln und Quark gefüllt werden.

Zutaten für 20–25 Stück

TEIG

300 g Weizenmehl Type 405
200 ml lauwarmes Wasser
30 g geschmolzene Butter
1 Eigelb

FÜLLUNG

400 g Kartoffeln
2 Zwiebeln
2 EL Butter
200 g Quark oder körniger Hüttenkäse
Salz und Pfeffer

GARNIERUNG

1–2 Zwiebeln
1 EL Öl
1 EL Butter

Zubereitung

Für die Füllung die geschälten Kartoffeln in Salzwasser weich kochen.

Die Zwiebeln klein schneiden, in der erhitzten Butter goldbraun braten.

Die Kartoffeln abseihen und stampfen, sodass keine Stücke mehr vorhanden sind.

Die restlichen Zutaten für die Füllung dazugeben, gut würzen, vermischen und zur Seite stellen.

Alle Teigzutaten in einer Schüssel vermischen und mit den Händen zu einem glatten, geschmeidigen Teig verkneten (eventuell mehr Mehl oder Wasser hinzufügen – wichtig ist, dass der Teig geschmeidig ist).

Den Teig auf der bemehlten Arbeitsfläche dünn ausrollen, anschließend mit einem runden Ausstecher (9–10 cm Ø, man kann auch ein großes Trinkglas verwenden) Kreise ausstechen.

Jeweils etwas Füllung in die Mitte der Kreise geben, zu Halbmonden zusammenklappen und die Ränder fest zusammendrücken.

Fortsetzung auf der übernächsten Seite …

Tipp

Die Füllung kann man schon am Vortag zubereiten, so kann sie gut durchziehen und wird noch intensiver im Geschmack. Wer mag, kann gebratene Schinkenwürfel hinzufügen.

Tipp

Den Teig portionsweise ausrollen: Nur einen Teil vom Teig nehmen und den Rest mit einem feuchten Geschirrtuch zudecken, da er sonst austrocknet.

... Fortsetzung von Seite 26

Pierogi auf einer gut bemehlten Fläche oder auf einem bemehlten Leinentuch ablegen, damit sie nicht festkleben.

In einem großen Topf Salzwasser mit 1 EL Öl zum Kochen bringen, dann die Temperatur zurückdrehen und die fertig geformten Pierogi hineingeben (Vorsicht! Die rohen Pierogi niemals in kochendes Wasser geben, da sie sonst aufplatzen können!).

Die Teigtaschen etwa 5 Minuten ziehen lassen und gelegentlich ganz vorsichtig umrühren, damit sie nicht am Topfboden festkleben. Sobald die Pierogi an die Wasseroberfläche steigen, sind sie fertig.

Die fertigen Pierogi mit einem Schaumlöffel aus dem Wasser heben, etwas abkühlen lassen.

Für die Garnierung die Zwiebeln klein schneiden, Öl und Butter in einer großen Pfanne erhitzen, die ausgekühlten Pierogi mit den Zwiebeln darin goldgelb anbraten.

Tipp

Pierogi bereite ich immer gleich in größeren Mengen vor und friere sie dann ein: Ungekochte Teiglinge auf einen bemehlten Teller legen und ins Gefrierfach stellen, bis sie gefroren sind. Danach vorsichtig vom Teller nehmen, in einen Gefrierbeutel geben und im Gefrierfach lagern (bis zu 6 Monate). Wenn sie zubereitet werden sollen, die gefrorenen Teigtaschen in leicht wallendes Wasser geben und so lange köcheln lassen, bis sie an der Oberfläche schwimmen (das dauert etwa 8 Minuten).

Sałatka śledziowa

Fruchtiger Heringssalat

Heringe sind bei den Kaschuben sehr beliebt. Kein Wunder, schließlich leben sie nahe am Meer; Fische waren schon immer in ihrer Reichweite. Die Kaschuben können Hering auf über hundert Arten zubereiten. Sie kochen oder rösten Heringe, räuchern oder trocknen sie oder legen sie in Öl oder Essig ein. Daraus werden dann unterschiedlichste Salate bereitet.

Zutaten für ca. 4 Portionen

300 g in Öl eingelegte Matjesheringe
1 Apfel
3 hart gekochte Eier
2 Gewürzgurken
150 g Dosenmais
150 g eingelegte Erbsen
150 g Ananas aus der Dose
ca. 2 EL Mayonnaise
ca. 2 EL Crème fraîche
Salz und Pfeffer

Zubereitung

Matjesfilets in etwa 2 cm große Stücke schneiden.

Apfel schälen, vom Kerngehäuse befreien und in kleine Würfel schneiden.

Eier schälen und ebenfalls klein schneiden, auch die Gewürzgurken in Würfel oder Scheiben schneiden.

Dosenmais, eingelegte Erbsen und Ananas abtropfen lassen.

Anschließend alle Zutaten miteinander vermengen, mit Salz und Pfeffer würzen.

Tipp

Wenn es mal schnell gehen soll, kann auch fertiger Hefe- oder auch Tarteteig aus dem Kühlregal verwendet werden. Nicht-Vegetarier können zusätzlich Speckstreifen auf den Kuchen legen. Das Gemüse kann falls gewünscht auch geraspelt werden, der Kuchen schmeckt dann feiner und wird weicher. Bei geraspelten Zucchini allerdings muss das überschüssige Wasser ausgedrückt werden.

Ciasto warzywne – Tarta warzywna

Gemüsekuchen

Polen liegt in der EU an erster Stelle beim Anbau von Kartoffeln, Rote Bete, Kohl und Karotten und nimmt in der Produktion von Gurken und Zwiebeln den zweiten Platz ein. Insgesamt werden in Polen ungefähr 40 Gemüsearten gewerblich kultiviert. Gemüse hat in der polnischen Küche immer schon eine große Rolle gespielt. Ob als Beilage oder als Zutat für Suppen, Eintöpfe, Aufläufe oder Kuchen: Meine Familie und ich lieben frisches Gemüse – und deshalb interpretiere ich Gemüserezepte auch gerne modern, wie diesen herrlichen pikanten Kuchen mit reichlich geschmolzenem Käse!

Zutaten für eine Form (ca. 28 cm Ø)

TEIG

400 g Mehl
32 g frische Hefe
1 TL Zucker
200 ml Wasser
1 EL Öl
1 TL Wasser

BELAG

600 g Gemüse (z. B. Zucchini, Auberginen, Möhren, Paprika, Tomaten, Brokkoli u. v. m.)
200 g geriebener Käse (z. B. Gouda oder Edamer)

GUSS

2 Eier
5 EL Milch
150 g Sahne
Salz und Pfeffer

Zubereitung

Den Hefeteig wie auf S. 26 beschrieben zubereiten und zugedeckt an einem warmen Ort so lange gehen lassen, bis er sein Volumen verdoppelt hat.

Eine runde Quicheform (oder andere Backform) befetten und mit Mehl bestauben.

Für den Belag das Gemüse waschen, je nach Sorte putzen oder schälen, beliebig zerkleinern (Möhren z. B. raspeln, Paprika in sehr dünne Scheiben schneiden, Brokkoli vorher blanchieren).

Den Teig etwas größer als die Form ausrollen und die Form damit auslegen, am Rand etwa 3 cm hochziehen und andrücken, das Gemüse auf dem Teig verteilen.

Für den Guss die Eier mit der Milch und der Sahne verquirlen und kräftig würzen, über das Gemüse gießen.

Zum Schluss mit dem geriebenen Käse bestreuen und im auf 180 °C vorgeheizten Ofen 30–40 Minuten goldbraun backen.

Polędwiczki wieprzowe w sosie z warzywami

Geschmorte Schweinemedaillons

mit Wurzelgemüse aus dem Ofen

Da ich sehr viel Gemüse in meinem Garten ernte, verarbeite ich es auch in unterschiedlichster Form. So verwende ich z. B. Wurzelgemüse nicht nur als Suppengemüse oder für Schmorbraten, sondern brate es im Ofen – eine herrliche Beilage! Das Schweinefilet mit Wurzelgemüse und Soße ist ein richtig herzhaftes Essen in der kalten Jahreszeit.

Zutaten für ca. 5 Portionen

MEDAILLONS

1 kg Schweinefilet
1 TL Salz
½ TL Pfeffer
1 TL Majoran
etwas Öl zum Anbraten
ca. 500 ml Wasser oder Gemüsebrühe
4 EL Orangensaft
2 Lorbeerblätter
3 Pimentkörner
4 Knoblauchzehen
2 EL Honig

WURZELGEMÜSE

2 Möhren
2 Petersilienwurzeln
2 Kartoffeln
1 Zwiebel
etwas frischen Dill oder Petersilie

Zubereitung

Das Fleisch in etwa 5–7 cm dicke Scheiben schneiden, diese salzen, pfeffern und mit Majoran würzen.

In einer Pfanne das Öl erhitzen und das Fleisch rundum scharf anbraten.

Danach mit Wasser oder Gemüsebrühe und Orangensaft ablöschen, Lorbeerblätter, Pimentkörner, geschälten Knoblauch und Honig dazugeben.

Möhren, Petersilienwurzeln, Kartoffeln und Zwiebel schälen und grob schneiden (halbieren oder vierteln).

Das Fleisch in eine Auflaufform legen, das Gemüse rundherum verteilen und die Flüssigkeit, mit der abgelöscht wurde, darübergießen.

Bei 180 °C im vorgeheizten Backofen ca. 50 Minuten schmoren, dabei die Fleischscheiben zwei- bis dreimal umdrehen und das Gemüse umrühren.

Anschließend das Fleisch mit dem Gemüse und dem Bratensaft anrichten, mit fein gehacktem Dill oder Petersilie bestreuen.

Tipp

Ich bereite Schweinefilet immer so zu – meiner Meinung nach muss es innen nicht unbedingt rosa sein! Durch das lange Schmoren wird das Fleisch sehr weich und zerfällt fast von selbst. Als weitere Beilagen passen Apfelmus oder Preiselbeerkompott gut zu diesem herrlichen Gericht.

Tipp

Für einen besonderen Geschmack kann man die Schnitzel in Butterschmalz ausbacken.

Kotlety Schabowe z Szmórowónô kapùstą i ziemniakami

Schweineschnitzel

mit Speckkartoffeln und Weißkohl

Diese typisch polnische Variante eines panierten Schnitzels ist eines der bekanntesten Gerichte der polnischen Küche, das häufig und gerne fast in jedem polnischen Haushalt zubereitet wird – auch zu Familienessen und Feierlichkeiten. Die Beilagen variieren je nach Region bzw. nach persönlichem Geschmack. Wir essen es gerne mit verschiedenen Salaten oder gekochtem Blumenkohl mit goldgelben Butterbröseln.

Zutaten für 4 Portionen

4 Schweineschnitzel (à 150 g)
1 TL Salz
½ TL Pfeffer
1 TL Majoran
2 Eier (Größe M)
ca. 150 g Semmelbrösel
Speiseöl zum Ausbacken

BEILAGEN
ca. 500 g Weißkohl mit Speck (Rezept siehe S. 17)
ca. 500 g Kartoffeln
100 g geräucherter Speck
1 Zwiebel
1 EL Öl zum Anbraten
etwas frischer Dill

Zubereitung

Die Schnitzel nacheinander dünn plattieren. Auf beiden Seiten salzen, pfeffern und mit Majoran würzen.

Die Eier in einer weiten Schale mit einer Gabel kräftig verquirlen, die Semmelbrösel in eine weite Schale geben.

Jedes Schnitzel zuerst im Ei wenden, dann mit den Semmelbröseln panieren.

Reichlich Öl in einer tiefen Pfanne erhitzen, die panierten Schnitzel darin auf jeder Seite ca. 4 Minuten goldbraun ausbacken. Dabei immer wieder mit dem Öl übergießen und die Pfanne leicht bewegen.

Die fertigen Schnitzel auf Küchenpapier abtropfen lassen.

Für die Beilagen den Weißkohl wie auf S. 17 beschrieben zubereiten.

Die Kartoffeln schälen, halbieren oder vierteln und in Salzwasser kochen.

Den Bauchspeck sowie geschälte Zwiebel in Würfeln schneiden und im erhitzten Öl knusprig anbraten.

Die gekochten Kartoffeln abseihen, mit dem gebratenen Speck und dem Weißkohl servieren und mit frischem Dill bestreuen.

„Kaszubskie ruchanki"

„Apfelpuffer"

Die in ganz Polen beliebte Süßspeise *„Racuchy z jabłkami"* wird in der Kaschubei *„Ruchanki"* genannt. Die Küchlein aus Hefeteig, die in einer Pfanne zubereitet werden, sind innen fluffig, außen knusprig, nicht zu süß und schön saftig. Lauwarm schmecken sie am besten. Diese köstliche Nachspeise eignet sich jedoch auch als süße Hauptspeise zum Sattessen – ein Lieblingsgericht aus meiner Kindheit.

Zutaten für ca. 16 Stück

TEIG

450 g Mehl Type 405
21 g frische Hefe
2 EL Zucker
375 ml lauwarme Milch
3 Äpfel

neutrales Öl zum Ausbacken
Puderzucker zum Bestreuen

Zubereitung

Das Mehl in eine Schüssel sieben, in die Mitte eine Vertiefung drücken.

Die Hefe zerbröckeln, mit einem Teelöffel Zucker und 50 ml von der lauwarmen Milch verquirlen, in die Vertiefung gießen und zugedeckt an einem warmen Ort ca. 10–15 Minuten gehen lassen.

Die Äpfel schälen, vierteln, entkernen, in ganz dünne Scheiben schneiden.

Die restlichen Teigzutaten zugeben und alles zu einem glatten Teig verrühren.

Den Teig abgedeckt noch einmal an einem warmen Ort gehen lassen, bis er sein Volumen verdoppelt hat.

Öl in einer kleinen Pfanne erhitzen, 1–2 EL vom Teig in die Pfanne geben (am besten den Esslöffel vor dem Teigportionieren kurz in eine Tasse mit heißem Wasser tauchen, so lässt er sich der Teig besser portionieren, und klebt nicht).

Die Teigportion mit einem Löffel zu einem Kreis mit ca. 6 cm Ø verstreichen. 2–3 Apfelscheiben darauflegen.

Bei mittlerer Hitze die Unterseite goldbraun backen. Sobald die Ränder des Puffers anfangen braun zu werden, wenden und auf der zweiten Seite ebenfalls goldbraun backen, herausnehmen und warm halten.

So fortfahren, bis der gesamte Teig verbraucht ist. Die Puffer mit Puderzucker bestreut servieren.

Tipp

Die Apfelpuffer schmecken auch kalt sehr gut, man kann sie auch mit Marmelade servieren.

Tipp

Wenn der Teig zu dickflüssig ist, etwas mehr Milch hinzufügen, um die gewünschte Konsistenz zu erreichen, ist der Teig zu flüssig, etwas Mehl hinzufügen. Anstatt mit Apfelscheiben kann man sie auch mit Heidelbeeren zubereiten.

Tipp

Man kann den Kuchen auch in einer Springform (26 cm Ø) backen, aber da wird er nicht so hoch aufgehen.

Młodzowy kuch z kruszonką

Kaschubischer Streuselkuchen

Es ist nicht verwunderlich, dass dieser typisch kaschubische Kuchen zu den bekanntesten dieser Region zählt. Dieses Gebäck mit seiner süßen, dicken Streuselschicht obendrauf hat eine lange Tradition. Früher musste jeden Sonntag ein Hefekuchen auf den kaschubischen Tischen stehen, weshalb am Samstagabend aus fast allen kaschubischen Häusern ein verführerischer Duft strömte.

Zutaten für 1 Kastenform (ca. 27 × 11 cm)

TEIG*

300 g Mehl Type 405
25 g Hefe
45 g Zucker
125 ml lauwarme Milch
50 g Butter
1 Ei (Größe M)
1 P. Vanillezucker
ca. 100 g Rosinen

STREUSEL

50 g Butter
10 EL Mehl
1 P. Vanillezucker
4 TL Zucker

ZITRONENGLASUR

2 EL Zitronensaft
ca. 150 g Puderzucker

etwas Butter und Mehl für die Form
1 Ei zum Bestreichen

* Die Teigzutaten sollen Zimmertemperatur haben.

Zubereitung

Für den Teig das Mehl in eine Schüssel sieben, in die Mitte eine Vertiefung drücken.

Die Hefe zerbröckeln, mit einem Teelöffel vom Zucker und 50 ml von der lauwarmen Milch verquirlen, diese Mischung in die Vertiefung gießen und zugedeckt an einem warmen Ort ca. 10–15 Minuten gehen lassen.

Die Butter schmelzen und anschließend etwas abkühlen lassen, ebenso wie alle übrigen Teigzutaten zum Mehl geben, vermengen und mit den/dem Knethaken des Mixers/der Küchenmaschine oder auch mit den Händen gut verkneten, bis ein geschmeidiger Teig entstanden ist.

Den Teig zugedeckt an einem warmen Ort gehen lassen, bis er sein Volumen verdoppelt hat.

Für die Streusel alle Zutaten in einer Rührschüssel vermengen, bis grobe Krümel entstehen.

Eine Kastenform befetten und bemehlen, den Teig einfüllen und an einem warmen Ort zugedeckt weitere 20 Minuten gehen lassen.

Die Teigoberfläche anschließend mit dem verquirlten Ei bestreichen und die Streusel darauf verteilen.

Im vorgeheizten Backofen bei 180 °C etwa 35–40 Minuten goldbraun backen, danach auskühlen lassen.

Für die Glasur den Zitronensaft mit so viel Puderzucker glatt rühren, bis die Konsistenz ziemlich dickflüssig ist.

Die Glasur auf dem Kuchen verteilen.

Naleśniki

Pfannkuchen

Hauchdünn und goldbraun ausgebacken sind Pfannkuchen in Polen nicht nur die Leibspeise von Kindern, sondern auch von Erwachsenen. Egal, ob als süße Hauptspeise nach einer Suppe, als Nachspeise oder zum Brunch – die einfach und schnell zubereiteten Pfannkuchen schmecken mit jeder Füllung fantastisch. Die Variationsmöglichkeiten sind zahlreich und hängen vom persönlichen Geschmack ab.

Zutaten für ca. 10 Stück

TEIG

200 g Mehl
3 Eier (Größe M)
300 ml Milch
2 EL Zucker
50 ml Mineralwasser
50 g geschmolzene Butter

Öl zum Ausbacken

FÜLLE

süß (z. B. Speisequark, verrührt mit etwas Milch, Zucker und Vanillezucker, Marmelade, Kompott, Haselnussaufstrich u. v. m.)
oder pikant (z. B. Frischkäse mit Kräutern, Schinken und Käse, mit Zwiebeln angebratenes, gewürztes Faschiertes oder Pilze u. v. m.)

Zubereitung

Die Teigzutaten in eine Schüssel geben und mit dem Handmixer zu einer glatten Masse verrühren. Anschließend den Teig etwa 15 Minuten ruhen lassen.

Eine Pfanne erhitzen, etwas Öl darin verteilen, ein bisschen vom Teig in die Pfanne geben und die Pfanne schwenken, sodass der Pfannenboden gleichmäßig ganz dünn bedeckt ist.

Den Pfannkuchen bei mittlerer Hitze auf beiden Seiten 1–2 Minuten goldbraun backen (wenn die Oberfläche des Pfannkuchens leicht fest wird, wenden und auch auf der zweiten Seite ca. 1 Minute backen), die fertigen Pfannkuchen warm halten.

So weitermachen, bis der Teig verbraucht ist.

Tipp

Wenn der Teig zu dickflüssig ist, etwas mehr Milch hinzufügen, um die gewünschte Konsistenz zu erreichen.

Tipp

Beim Ausbacken der Pfannkuchen nicht zu wenig Öl in die Pfanne geben, sonst könnten sie ankleben.

Tipp

Für süße Pfannkuchen zusätzlich etwas Zucker sowie 1 P. Vanillezucker unter den Teig rühren. Herzhafter Pfannkuchenteig bekommt durch die Zugabe von frisch gehackten Küchenkräutern oder Gewürzen wie Curry oder Pfeffer eine besondere Note.

Tipp

Um die Pfannkuchen warm zu halten, können sie im vorgeheizten Ofen bei niedriger Temperatur (max. 50 °C) aufbewahrt werden.

Tipp

Wer keine Haferflocken mag, macht die Streusel mit 160 g Mehl, 100 g braunem Zucker oder Honig, 100 g Butter, 1 P. Vanillezucker. Rosinen sind eine perfekte zusätzliche Zutat zum Obst, ebenso wie gehackte Nüsse.

Zapiekane owoce z chrupiącą kruszonko

Obst mit knusprigen Haferflockenstreuseln

Polen hat das perfekte gemäßigte Klima für den Obstanbau. Kein Wunder, dass viele Süßspeisen, Kuchen und Desserts mit Obst zubereitet werden. Das folgende Rezept ist ganz einfach und dennoch köstlich. Es zählt nicht nur zu meinen Lieblingsrezepten, sondern ist bei vielen polnischen Familien beliebt. Diese Süßspeise, die sowohl zum Frühstück oder auch als Dessert gereicht werden kann, kann in beliebigen Abwandlungen zubereitet werden.

Zutaten für 1 Auflaufform (ca. 27 × 18 cm)

500 g Obst nach Saison und Belieben (z. B. Aprikosen, Äpfel, Birnen, Pflaumen, Erdbeeren, Heidelbeeren etc.)
1 P. Vanillezucker

STREUSEL
100 g Butter
130 g Weizenmehl
70 g feine Haferflocken
100 g Zucker
½ TL Zimt

Zubereitung

Den Backofen auf 180 °C vorheizen. Für die Streusel die Butter in Würfel schneiden. Die restlichen Streuselzutaten in eine Schüssel geben. Die Butterwürfel hinzufügen und alles verkneten, bis krümelige Streusel entstehen.

Das Obst je nach Sorte schälen bzw. vom Kerngehäuse, von Steinen oder Stielansätzen befreien und falls nötig in mundgerechte Stücke schneiden.

Die Obststücke in einer mit Butter befetteten Auflaufform verteilen, dann mit dem Vanillezucker vermischen.

Die Streusel gleichmäßig auf dem Obst verteilen, das Ganze 20 Minuten im Ofen überbacken, bis die Streusel schön knusprig und leicht gebräunt sind.

Falls gewünscht, Vanilleeis dazu servieren.

Ciasto czekoladowo-sernikowe z Malinami

Schokoladen-Quark-Himbeer-Kuchen

In der polnischen Esskultur ist Kuchen ein wichtiger Bestandteil. Fast täglich wird Kuchen als perfekte Abrundung einer Mahlzeit als Nachtisch oder zum Nachmittagskaffee serviert, daher gibt es auch eine Vielzahl an schmackhaften Kuchenrezepten. Bei diesem Rezept handelt es sich zwar um kein typisches Rezept aus der Region Pommern, sondern um eines meiner Lieblingsrezepte. Aber von den Zutaten her könnte der Kuchen durchaus aus einer polnischen Region stammen: Saftiger Schokoladenkuchen vereint sich mit einem cremigem Quark-Belag und Himbeeren. Mich haben zu dieser modernen Interpretation zwei amerikanische Klassiker inspiriert: Cheesecake und Brownies – einfach nur himmlisch.

Zutaten für 1 Springform (ca. 26 cm Ø)

KUCHENBODEN

200 g Zartbitterschokolade
200 g Butter
3 Eier
200 g Zucker
1 P. Vanillezucker
135 g Mehl
½ TL Backpulver

QUARKMASSE

100 ml Sahne
500 g Quark
100 g Zucker
2 TL Speisestärke
2 Eier
1 Vanillezucker

ca. 125 g Himbeeren

Zubereitung

Für den Kuchenboden die Zartbitterschokolade und die Butter über einem Wasserbad schmelzen und danach etwas abkühlen lassen.

Die Eier mit dem Zucker und Vanillezucker schaumig schlagen, die geschmolzene Schokolade nach und nach unterrühren.

Das Mehl sieben und zusammen mit dem Backpulver vorsichtig unterheben.

Kuchenmasse in die befettete und bemehlte Springform füllen und mit einem Esslöffel glatt streichen.

Für die Quarkmasse die Sahne steif schlagen, in einer anderen Schüssel die übrigen Zutaten glatt verrühren, dann die Schlagsahne unter die Quarkmasse heben. Die Quarkmasse auf der Kuchenmasse verteilen und mit einer Gabel leicht unter die Kuchenmasse ziehen.

Die Himbeeren auf der Quarkmasse verteilen und den Kuchen im auf 175 °C vorgeheizten Backofen ca. 45 Minuten backen. Anschließend abkühlen lassen.

Ermland-Masuren

Land & Leute

GEOGRAFIE & LANDSCHAFT

Die Woiwodschaft Ermland-Masuren liegt im Nordosten Polens und war ehemals ein Teil Ostpreußens. Wie der Name verrät, besteht die Woiwodschaft aus zwei Regionen: aus Ermland (im Nordwesten) und Masuren (im Südosten).
Ermland-Masuren zählt zu den am dünnsten besiedelten Regionen Polens, was am hohen Waldanteil (ein Drittel der Fläche) und an den vielen Seen der Masurischen Seenplatte liegt. Nicht von ungefähr spricht man vom „Land der tausend Seen".

BEVÖLKERUNG & BRAUCHTUM

Auch wenn die beiden Regionen Ermland und Masuren mittlerweile zu einer Woiwodschaft zusammengefasst wurden, waren sie früher sehr unterschiedlich.
Die Bevölkerung der beiden nordöstlichen Regionen Polens war in der Vergangenheit bezüglich ihrer religiösen Orientierung zweigeteilt: katholisch in Ermland, evangelisch in Masuren. Auch was Dialekt, Kleidung und Bräuche betrifft, waren deutliche Unterschiede zwischen beiden Bevölkerungsgruppen ersichtlich.
Was sie gemeinsam hatten, war ihre Küchentradition: einfache Gerichte, die aus hervorragenden regionalen Produkten zubereitet wurden.

Regionale Besonderheiten & Produkte

Wie früher üblich, ernährten sich die Menschen auch in Ermland-Masuren davon, was in der Region angebaut, gefangen, gesammelt oder gezüchtet wurde. Diese traditionellen Gerichte gelten nun als typisch für die Region und werden noch immer gerne zubereitet.

FLEISCH & FISCH

Es wurden Geflügel, Rinder, Ziegen, Schweine und Schafe gezüchtet, vor allem in Masuren wurden in Seen und Flüssen Fische gefangen. Es kommen also viele Süßwasserfische wie Forellen, Maränen, Hechte, Barsche, Zander, Schleien und natürlich Aale auf den Tisch.

LANDWIRTSCHAFTLICHE PRODUKTE

Der Anbau von Getreide sowie von verschiedensten Gemüse- und Obstarten (ob auf Feldern oder auch im Hausgarten) war für die Bevölkerung früher selbstverständlich.

SCHÄTZE AUS WALD & WIESE

Wie in Skandinavien oder im Baltikum ist vor allem in dieser waldreichen Gegend Polens die Sammelleidenschaft der Bevölkerung sehr ausgeprägt: Sämtliche Geschenke aus Wald und Flur wie Blaubeeren, Himbeeren, Brombeeren, Preiselbeeren, Pilze, Heil- und Gewürzkräuter werden am heimischen Herd verarbeitet.

Regionale Traditionsgerichte

Die geografische Lage von Ermland-Masuren erklärt auch die Besonderheiten der regionalen Küchentradition. Das Gebiet hat im Nordwesten mit einem kurzen Küstenabschnitt einen kleinen Anteil am Frischen Haff (eine der vielen seichten Buchten in der Ostsee), grenzt im Norden an die russische Exklave Kaliningrad und im Nordosten ein kleines Stück an Litauen.
Kein Wunder, dass die frische und aromatische ermländisch-masurische Küche eine Vielfalt lokaler Gerichte bietet, die viel mit baltischen und russischen kulinarischen Traditionen gemeinsam hat und aufgrund des Küstenanteils sowie der vielen Seen auch Fischgerichte in verschiedenen Formen kennt.

FISCHGERICHTE

Es gibt z. B. Fischsuppen, mit Fisch gefüllte Teigtaschen oder gebratenen bzw. gegrillten Fisch. Traditionell wird gebratener Fisch meist mit Essig übergossen, was ihm einen besonderen, unverwechselbaren Geschmack verleiht. Weiters gibt es den im Ofen gebackenen Masurischen Hecht, der normalerweise mit Dillsauce, Salzkartoffeln und Salat serviert wird.

FLEISCHGERICHTE

Die unglaublich nahrhafte und köstliche „*Karmuszka*" ist eine Gulaschsuppe mit viel Fleisch, Bohnen und Kohl und einem einzigartigen Geschmack. Als ehemaliger Teil Ostpreußens sind in Ermland-Masuren natürlich auch preußische Einflüsse unverkennbar, wie z. B. die nicht nur hier beliebten berühmten „Königsberger Klopse" beweisen. Typisch für die Region sind „*Farszynki*", mit Hackfleisch gefüllte Kartoffelkoteletts, serviert mit Pilzsauce.

TEIGTASCHEN

Diese sind ja weltweit sehr verbreitet. Was sie zu regionalen Spezialitäten macht, ist meist ihre Füllung bzw. ihre Zubereitung (gedämpft, gekocht, gebraten oder gebacken). Bekannt für die Region Ermland-Masuren sind z. B. die „*Dzyndzałki z hrećką i skrzeczkami art Pierogen*" mit Buchweizen und gebratenen Speckwürfeln. Teigtaschen werden hier aber auch gerne mit Rindfleisch, Gänsefleisch oder Fisch gefüllt, ob das nun Reste von gebratenem, gekochtem oder gedünstetem Fleisch/Fisch sind oder ob die Fülle frisch zubereitet wird.

PILZGERICHTE

Sehr häufig werden im Alltag Pilze zu köstlichen Gerichten verarbeitet, ob das Suppen, Eintöpfe, Soßen oder mit Pilzen gefüllte Teigtaschen sind. Aber auch zu speziellen Feiertagen wurden traditionell häufig Pilzgerichte serviert.

GEMÜSEGERICHTE

Wie überall in Polen spielt Gemüse als Zutat vieler Speisen eine wichtige Rolle. Aus Kohl, Möhren, Roten Beten und vielen anderen Gemüsesorten werden Suppen und Eintöpfe zubereitet. Gemüse verfeinert geschmorte Fleisch- und Fischgerichte, Kartoffeln werden zu verschiedensten Beilagen, zu gefüllten Klößen oder zu *„Plińce z pomoćką“* (Reibekuchen) verarbeitet.

SCHNECKEN

Ein überraschendes Gericht auf der Liste der typischen Gerichte dieser Region sind mit Kräuterbutter gefüllte Schnecken. In der traditionellen ostpreußischen und litauischen Küche wurden in bürgerlichen und höheren Kreisen zu besonderen Anlässen Zuchtschnecken aufgetischt. Die Küche Ermlands und Masurens hat diese kulinarische Tradition übernommen. So wird dieses Gericht z. B. im Dorf Krasin bei Pasłęk jedes Jahr zu einem besonderen Fest anlässlich des „Tags der Schnecken“ serviert.

KUCHEN UND GEBÄCK

Es gibt einige besondere süße Spezialitäten in der Region, eine davon ist der *„Brukowiec“* – ein einzigartiger masurischer Kuchen, der 2010 in die Liste der traditionellen Produkte in der Kategorie „Bäckerei- und Konditorwaren“ aufgenommen wurde. Es handelt sich um eine Art Lebkuchen, der vor allem für die Weihnachtszeit gebacken wird. Anders als bei gewöhnlichem Lebkuchen wird der Teig zu Kugeln geformt, die in verschiedenen „Formationen“ zusammengesetzt und gebacken werden.

Typisch für die Region ist auch der *„Sękacz“* (Baumkuchen) der traditionell auf einer rotierenden Walze über offenem Feuer (aus Birken-, Erlen- oder Eschenholz) gebacken wird. Am häufigsten wird dieser Kuchen bei Familienfeiern, beispielsweise bei Hochzeiten serviert.

Zupa Karmuszka

Suppe Karmuschka

Diese Spezialität der ermländisch-masurischen Küche muss man einfach bei einem Besuch dieser bezaubernden Region probieren! Sie schmeckt unglaublich vielschichtig und dennoch unaufdringlich. Die Masurische Suppe enthält verschiedene Gemüsesorten und Gewürze sowie reichlich Fleisch und Speck und vereint somit salzige, würzige, süße und saure Noten.

Zutaten für 4 Portionen

200 g Möhren
150 g Zwiebeln
150 g Petersilienwurzeln
200 g Weißkohl (optional)
200 g geräucherter Speck
600 g Schweinefleisch (z. B. aus der Schulter)
Öl zum Braten
2 Lorbeerblätter
2 Pimentkerne
1 EL Majoran
½ TL Kümmel
Salz und Pfeffer
90 g Tomatenmark
300 g eingelegte weiße Bohnen
½ Bund frische Petersilie
100 g Crème fraîche

Zubereitung

Die Möhren, Zwiebeln und Petersilienwurzeln schälen und klein würfeln. Den Weißkohl putzen, vom Strunk befreien und in feine Streifen oder kleine Würfel schneiden.

Den Speck in Streifen schneiden, anbraten und zur Seite stellen.

Das Schweinefleisch waschen, trocken tupfen und in mundgerechte Stücke schneiden.

In einem Topf Öl erhitzen und das Fleisch darin portionsweise rundherum bei starker Hitze anbraten, herausnehmen und zur Seite stellen.

Das Gemüse im gleichen Topf wie das Fleisch anbraten, Fleisch und Speck dazugeben, mit ca. 2 Litern Wasser bedecken.

Gewürzen und Tomatenmark dazugeben und das Ganze bei mittlerer Hitze etwa 1 Stunde schmoren lassen, bis das Fleisch weich ist.

Etwa 10 Minuten vor dem Garende die abgeseihten weißen Bohnen zugeben, Suppe abschmecken und eventuell nachwürzen.

Mit klein gehackte Petersilie und Crème fraîche servieren.

Chłodnik

Kalte Rote-Bete-Suppe

Das ist eine der vielen Versionen der Borschtsch-Suppe, die im gesamten slawischen Raum gern gegessen wird. Sie verdankt ihren schönen Farbton der Roten Bete. Traditionell werden frische Knollen verwendet. Wenn es schnell gehen soll, kann man gerne auch vorgekochte, vakuumierte Rote Bete nehmen. Diese kalt servierte Suppe ist perfekt für heiße Sommertage.

Zutaten für ca. 4 Portionen

350 g Rote Bete
1 Salatgurke
1 Bund Radieschen
1 Bund Schnittlauchröllchen
1 Bund frischer Dill
500 ml Buttermilch
400 ml Schmand
1 TL Salz
½ TL Pfeffer
2 hart gekochte Eier

Zubereitung

Die Roten Bete weich kochen, auskühlen lassen, dann schälen und raspeln (am besten mit Küchenhandschuhen!).

Die Gurke und die Radieschen waschen und putzen, dann ebenfalls raspeln.

Den Schnittlauch in Röllchen schneiden, den Dill fein hacken. In einer Schüssel die Buttermilch mit dem Schmand und den Kräutern glatt rühren.

Das vorbereitete Gemüse untermischen (ein bisschen von der geraspelten Gurke zum Garnieren zurückbehalten) und mit Salz und Pfeffer kräftig würzen.

Nach Bedarf ein wenig Wasser dazugeben und gut verrühren, die Suppe mindestens 30 Minuten kalt stellen.

Die Suppe abschmecken und in Schalen oder Suppentellern portionieren.

Die Eier schälen und halbieren. Jede Suppe mit einem halben Ei und Gurkenraspeln garnieren.

Tipp

Wer mag, kann gerne mehr Sahne zugeben.

Zupa grzybowa z czosnkiem

Steinpilzsuppe

verfeinert mit Knoblauch

Wenn im Spätsommer die Pilzsaison beginnt, strömen die Polen in Scharen in die Wälder und suchen ihre Geheimplätze auf, wo die schönsten Pfifferlinge, Steinpilze oder andere Pilze zu finden sind. Das Pilzesammeln hat in Polen fast in jeder Familie Tradition. Daheim werden die Pilze verarbeitet. Sie werden eingelegt oder getrocknet und im Winter (z. B. für manche traditionellen Weihnachtsgerichte) verwendet bzw. dienen sie als Zutat für frische Gerichte (Soßen, Füllungen, Suppen etc.).

Zutaten für 6–8 Portionen

600 g Steinpilze (optional andere Waldpilze, z. B. Pfifferlinge)
ca. 240 g Zwiebeln
3 Knoblauchzehen
450 g Kartoffeln
220 g Möhren
2 EL Öl
2 EL Butterschmalz oder Butter
1 l Gemüsebrühe
Salz und Pfeffer
1 EL Majoran
3 EL Sahne
1 Bund frische Petersilie

Zubereitung

Die Pilze gründlich putzen und klein schneiden, die Zwiebeln und den Knoblauch schälen und fein hacken.

Die Kartoffeln und die Möhren schälen und in Würfel schneiden.

Das Öl mit dem Butterschmalz bzw. der Butter in einem Topf erhitzen, die Pilze und die fein gehackte Zwiebel darin anbraten, die Kartoffel- und Möhrenwürfel sowie den Knoblauch zugeben und kurz mitbraten.

Mit der Gemüsebrühe aufgießen und nach Geschmack würzen.

Die Suppe zum Kochen bringen, ca. 20 Minuten köcheln lassen, bis die Gemüsewürfel weich sind.

Die Sahne zugeben, vor dem Servieren mit fein gehackter Petersilie bestreuen.

Pieczarki z kurkami w sosie śmietankowo pieprzowym

Champignons und Pfifferlinge

in cremiger Pfeffersoße

Die Region Ermland-Masuren zählt mit ihren gewaltigen Wäldern zu den unberührtesten Naturlandschaften Europas. Dort wachsen viele Pilze, was sie zum Paradies für Pilzesammler macht. Denn der wahre Nationalsport der Polen ist das Pilzesammeln! Fast das ganze Jahr über können verschiedenste Waldpilze gefunden werden. Die beste Zeit ist jedoch die klassische Pilzsaison im Spätsommer und im Herbst, beginnend mit Ende Juli/Anfang August.

Zutaten für 4 Portionen

500 g Pfifferlinge
250 g Champignons
5 Schalotten
2 EL Butter
2 EL Öl
200 g Crème fraîche
100 ml Sahne
ca. 1 EL frisch gemahlener oder zerstoßener Pfeffer
Salz
½ Bund Petersilie
einige Thymianzweige zum Würzen

Zubereitung

Die Pfifferlinge und die Champignons sauber putzen und in Scheiben schneiden.

Die Schalotten schälen und fein hacken, in der erhitzten Butter-Öl-Mischung goldgelb anbraten.

Dann die Pilze zufügen und ca. 25 Minuten bei mittlerer Hitze garen, bis die Flüssigkeit, die die Pilze abgeben, zum größten Teil verdunstet ist.

Crème fraîche, Sahne und Pfeffer hinzufügen, salzen, kurz aufkochen lassen und noch einige Minuten bei geringer Hitze ziehen lassen.

Nach Belieben nachwürzen und mit den frisch gehackten Kräutern servieren.

Tipp

Da sich Pilze beim Waschen wie kleine Schwämme vollsaugen, sollte darauf verzichtet werden. Die Pfifferlinge mit einem weichen Pinsel oder Küchenpapier säubern und mit einem kleinen Messer die Stielenden abschneiden.

Tipp

Für noch mehr Geschmack klein gewürfelten Speck mit anbraten oder separat in einer kleinen Pfanne auslassen und in die fertige Sauce mischen. Die Soße kann mit Reis oder Röstkartoffeln als Hauptgericht serviert werden. Aber auch als Beilage zu Fleischgerichten oder zu Klößen passt sie sehr gut!

Gulasz po mazursku

Gulasch auf Masuren-Art

Auf der langen Liste klassischer, deftiger Fleischgerichte darf in dieser Region das Gulasch auf Masuren-Art nicht fehlen. Das Fleisch wird lange geschmort und dadurch zart und mürb. Die würzige Soße, verfeinert mit Salzgurken, ist einfach nur köstlich.

Zutaten für ca. 4 Portionen

1 Möhre
1 Pastinake
1 große Zwiebel
4 Kartoffeln
ca. 100 g Weißkohl
Öl zum Anbraten
500 g Gulaschfleisch vom Rind (z. B. Schulter oder hintere Wade)
Salz und Pfeffer
Majoran
1 Lorbeerblatt
4 Pimentkörner
500 ml Fleischbrühe
250 g Salzgurken
50 g Crème fraîche (optional)

Zubereitung

Die Möhre, die Pastinake und die Zwiebel schälen und klein würfeln.

Die Kartoffeln schälen und in Würfel schneiden, den Weißkohl in ca. 1 cm breite Streifen schneiden.

Das Öl in einem großen Topf stark erhitzen, darin das Fleisch von allen Seiten kräftig anbraten, salzen und pfeffern mit Majoran (Menge nach persönlichem Geschmack) würzen.

Lorbeerblatt und Pimentkörner hinzufügen, die vorbereiteten Gemüse- und Zwiebelwürfel zum Fleisch geben, kurz mitrösten.

Mit der Fleischbrühe ablöschen, zugedeckt etwa 90 Minuten bei geringer Hitze schmoren lassen, eventuell etwas Wasser nachgießen.

10 Minuten vor dem Garende die in Scheiben geschnittenen Salzgurken zugeben.

Lorbeerblatt und Pimentkörner entfernen, das Gulasch falls gewünscht mit Crème Fraîche verfeinern und servieren.

Farszynki Mazurskie Kotlety ziemniaczane

Gefüllte „Kartoffelkotelettes“

Ein weiteres schmackhaftes Gericht aus der Region Ermland-Masuren sind die traditionellen „*farszynki mazurskie*“. Es handelt sich dabei um eine Art Teigtaschen in ovaler Form aus Kartoffelteig, die mit einer Hackfleischfülle versehen sind.

Zutaten für ca. 8 Stück

KARTOFFELTEIG
1 kg Kartoffeln
1 Ei (Größe M)
4 EL Kartoffelmehl*
½ TL Salz
½ TL Pfeffer

* Kartoffelmehl kann durch Maisstärke oder Weizenmehl ersetzt werden.

FÜLLUNG
500 g Hackfleisch
1 Zwiebel
Speiseöl zum Braten
Salz und Pfeffer
Majoran

ca. 100 g Paniermehl zum Wälzen

PILZSOSSE
500 g Champignons
1 Zwiebel
2 EL Öl
½ TL Salz
½ TL Pfeffer
200 g Sahne

Salatblätter zum Garnieren

Zubereitung

Für den Teig die Kartoffeln schälen, vierteln und ca. 20 Minuten weich kochen.

Währenddessen für die Füllung das Hackfleisch mit der fein gehackten Zwiebel in wenig Öl leicht anbraten und würzen.

Die weich gekochten Kartoffeln abgießen, ausdampfen lassen, durch eine Presse drücken oder zerstampfen.

Mit dem Ei und dem Kartoffelmehl verkneten. Mit Salz und Pfeffer würzen.

Den Kartoffelteig in 8 gleich große Stücke teilen, diese mit den Händen flach drücken und jeweils 1 EL Hackfleisch mittig darauf setzen.

Den Teig um die Fülle herum gut verschließen, eiförmige Klöße formen, dann die Klöße leicht flach drücken und anschließend in Paniermehl wälzen, danach in einer Pfanne in etwas erhitztem Öl ca. 5 Minuten auf beiden Seiten goldbraun braten.

Für die Pilzsoße die Champignons putzen und in Scheiben schneiden. Zwiebel schälen und kleinwürfelig schneiden.

In einer Pfanne etwas Öl erhitzen und die Zwiebel darin goldbraun anbraten, dann Champignons hinzufügen, dabei immer wieder rühren, bis die Champignons goldbraun angebraten sind.

Mit Salz und Pfeffer würzen, die Sahne hinzufügen, die Soße zum Kochen bringen und anschließend vom Herd nehmen.

Die „Kartoffelkoteletts mit der Pilzsoße und Salatblättern (nach Wunsch mariniert) anrichten.

Tipp

Für das Originalrezept von früher wurde statt gebratenem Hackfleisch weich gekochtes Suppenfleisch verwendet. Zum Hackfleisch kann z. B. hart gekochtes, klein geschnittenes Ei und/oder frisch gehackte Kräuter hinzugefügt werden.

Tipp

Man kann auch vorgebrühte Weißwürste kaufen, dann muss die Wurst vorher nicht aufkochen und ziehen.

Biała kiełbasa w piwie

Weißwurst in Bier-Zwiebel-Soße

Weißwürste mit ihrer besonders hellen Farbe und feinen Knoblauchnote sind äußerst aromatisch und saftig. Sie zählen zu den bekanntesten und beliebtesten Würsten in der polnischen Küchentradition und dürfen regional vor allem zu Ostern, Weihnachten und anderen Feierlichkeiten nicht fehlen. Weißwürste sind obligatorische Zutat der polnischen Sauermehlsuppe, ergänzen aber auch verschiedenste andere Gerichte. Sie können gegrillt oder gebraten werden, in Wasser gekocht werden sie mit Meerrettich und Senf serviert.

Zutaten für ca. 4 Portionen

480 g Weißwürste
500 ml helles Bier
2 Zwiebeln
1–2 EL Butter
1–2 EL Weizenmehl
Salz und Pfeffer
Saft einer Zitrone

BEILAGE
Salzkartoffeln oder Brot

Zubereitung

Die Weißwurst in reichlich Wasser aufkochen lassen, Topf sofort vom Herd nehmen und die Würste ca. 10 Minuten im heißen Wasser ziehen lassen.

Das Bier aufkochen lassen, dann den Herd ausschalten, die fertigen Weißwürste aus dem Wasser nehmen, ins Bier legen und zugedeckt stehen lassen, bis das Bier abgekühlt ist.

Die Würste herausnehmen und in dicke Scheiben schneiden.

Die Zwiebeln fein hacken, in der erhitzten Butter glasig dünsten, dann zum Bier geben.

Die Bier-Zwiebel-Soße mit Salz, Pfeffer und Zitronensaft würzen.

Die Wurstscheiben in der Soße erhitzen und mit Salzkartoffeln oder Brot servieren.

Zubereitungsvariante

Weißwurst im Backofen überbacken: Die Wurstscheiben in eine ofenfeste Form geben . Die Zwiebel halbieren, dann in Ringe schneiden und die Wurst damit bedecken. In einer Schüssel Bier, 2 EL Honig, 2 EL bayerischen Senf und 3 EL Sojasauce mit Salz, Pfeffer und Majoran würzen und alles gut vermischen. Die Wurst damit übergießen und im auf 180 °C vorgeheizten Backofen ca. 50 Minuten überbacken.

Schab po mazursku

Schweinebraten mit Pflaumensoße

Schweinefleisch ist in Polen sehr beliebt. Die Einzigartigkeit dieses Rezepts basiert größtenteils auf der aromatischen Pflaumenmarmelade, die für den besonderen „cremigen" Geschmack des Gerichtes sorgt.

Zutaten für 4 Portionen

1 kg Schweinerücken
½ TL Salz
500 ml Gemüsebrühe
1 TL Zucker
50 g Pflaumenmarmelade
50 g Butterschmalz
30 g Paniermehl
200 ml Rotwein
4 Gewürznelken
3 Pimentkörner
½ TL Pfeffer

Zubereitung

Das Fleisch (im Ganzen) mit Salz einreiben, in die kochende Gemüsebrühe geben und ca. 30 Minuten kochen lassen (das Fleisch ist dann etwa halb durch). Während des Garens Fleisch mehrmals wenden.

Dann das Fleisch aus der Brühe (dem Kochsud) heben und mit Küchenpapier trocken tupfen.

Den Kochsud mit Zucker und Pflaumenmarmelade verrühren.

Das Butterschmalz in einem Bräter erhitzen.

Anschließend den Braten von allen Seiten kurz anbraten und mit Paniermehl bestreuen.

Mit dem Pflaumenmarmelade-Kochsud und dem Rotwein ablöschen, Gewürznelken, Pimentkörner und Pfeffer hinzufügen und im vorgeheizten Ofen bei 180 °C etwa 60–90 Minuten Minuten zugedeckt schmoren lassen (damit der Braten schön saftig bleibt).

Mit Kartoffeln servieren.

Tipp

Wer die Soße noch sämiger möchte, kann sie vor dem Servieren mit Mehl eindicken.

Tipp

Dazu schmecken Salzkartoffeln und eingelegte Rote Bete.

Klopsy Królewieckie

Königsberger Klopse

Die traditionellen Königsberger Klopse stammen aus Ostpreußen und werden auch „Kapernklopse" oder „Soßklopse" genannt. Dieses einfache Familienessen ist ein echter Klassiker und schmeckt wie bei Oma! Bis heute wird dieses Gericht in vielen Haushalten, die alte Traditionen pflegen, vor allem sonntags serviert, sowohl in Ermland und Masuren als auch in Pommern.

Zutaten für ca. 10 Stück

KLOPSE

1 Brötchen
1 Zwiebel
500 g gemischtes Hackfleisch
1 Ei
2 EL Paniermehl
Salz und Pfeffer

KOCHSUD

1 l Wasser
1 TL Salz
2 Lorbeerblätter
5 Wacholderbeeren
1 TL schwarze Pfefferkörner

SOSSE

3 EL Butter
2 EL Mehl
380 ml Kochsud (vom Kochen der Klopse)
125 ml Sahne
1 kl. Glas (ca. 100 g) Kapern
3 EL Zitronensaft
Salz und Pfeffer
1 TL Zucker
1 kleiner Bund Petersilie zum Garnieren

Zubereitung

Für die Klopse das Brötchen in kaltem Wasser einweichen. Die Zwiebel schälen und sehr fein würfeln.

Alle Zutaten für die Klopse in einer Rührschüssel gründlich verkneten, aus der Masse ca. 10 gleich große Klopse formen.

Für den Kochsud das Wasser mit den übrigen Sudzutaten in einem weiten Topf aufkochen. Klopse darin kurz aufkochen lassen, danach Temperatur reduzieren und die Klopse ca. 12 Minuten bei schwacher bis mittlerer Hitze gar ziehen lassen.

Die fertigen Klopse herausheben und abtropfen lassen.

Für die Soße Butter in einem Topf schmelzen, das Mehl darin anschwitzen und unter Rühren nach und nach mit dem Kochsud und der Sahne ablöschen.

Die Soße etwa 5 Minuten köcheln lassen, dabei ab und zu umrühren.

Die Kapern und Zitronensaft unterrühren, mit Salz, Pfeffer und Zucker abschmecken.

Die Klopse in die Soße geben und darin kurz erhitzen. Vor dem Servieren mit fein gehackter Petersilie bestreuen.

Tipp

Wer mag, kann eine kleinwürfelig geschnittene Möhre zusammen mit den Klopsen in der Soße garen.

Großpolen

Land & Leute

GEOGRAFIE & LANDSCHAFT

Eine der größten polnischen Woiwodschaften ist Großpolen („*Wielkopolskie*"). Im Nordwesten hat die Region Anteil an gleich drei Seenplatten (an der Lebuser, der Lissaer und der großpolnischen Seenplatte), im Südosten am mittelpolnischen Tiefland. Eine atemberaubende Landschaft mit Seen, Wäldern, Radwegen, viele alte Burgen, prunkvolle Schlösser sowie zahlreiche Museen locken viele Touristen an.

In Großpolen liegt die älteste Stadt (Kalisz) sowie die alten Königsstädte Posen und Gnesen, weshalb die Region oft als „Keimzelle Polens" angesehen wird.

Eine Attraktion in Posen ist das Uhrwerk am Rathaus mit seinen zwei Ziegenböcken.

BEVÖLKERUNG & BRAUCHTUM

In ganz Polen gelten die Bewohner Großpolens („Wielkopolanie") als besonders fleißig und zeichnen sich durch ihre Sparsamkeit, Bedachtsamkeit und Zielstrebigkeit aus. Wichtig sind ihnen aber auch Traditionen, so wird beispielsweise der Martinstag am 11. November in Posen groß gefeiert. In der „Straße des heiligen Martin", einer der Hauptstraßen in der Stadt, findet ein prächtiger Umzug statt.

Am gleichen Tag feiert übrigens ganz Polen den Jahrestag der Wiedererlangung seiner Unabhängigkeit. Aus diesem Grund wird am Unabhängigkeitstag traditionell Gans aufgetischt.

Regionale Besonderheiten & Produkte

In Großpolen werden etwa zwei Drittel der Fläche teils intensiv landwirtschaftlich genutzt, vor allem im südöstlichen Teil gibt es viele Betriebe, die Lebensmittel produzieren.

FLEISCH & FISCH

Es gibt zahlreiche Schweine- und Rinderzuchtbetriebe, daneben ist Großpolen der führende Gänseproduzent in der EU. Allerdings ist der Verbrauch von Gänsefleisch in Polen relativ gering und nicht so populär, ganz im Gegensatz zu Enten, weshalb es hier wie in vielen anderen Regionen spezielle Zubereitungsvarianten gibt. So wird die „Ente nach Großpolen-Art" mit Äpfeln gebraten.

LANDWIRTSCHAFTLICHE PRODUKTE

Viele Menschen assoziieren die Küche Großpolens vor allem mit Kartoffeln, die in diesem Teil Polens „*Pyry*" genannt werden und hier in großen Mengen angebaut werden. Ebenso bekannt ist der Spargel aus dieser Region: Schon vor dem Zweiten Weltkrieg war die gesamte Woiwodschaft für den Spargelanbau bekannt, der in großen Mengen nach Deutschland exportiert wurde. Das ist bis heute so geblieben.

SÜSSES TRADITIONSGEBÄCK

In Großpolen dürfen am Martinstag die sogenannten „Martinshörnchen" nicht fehlen. Beliebt sind hier auch Kuchen und anderes Gebäck mit Streuseln wie die „*Schneka z Glancem*" (siehe S. 91) oder die in Schmalz ausgebackenen „*Poznańskie faworki Kreple*" (siehe S. 92).

Regionale Traditionsgerichte

Wie auch überall sonst sind die landschaftlichen Gegebenheiten ausschlaggebend für die Entwicklung der regionalen Esskultur in Großpolen. Die seit jeher einerseits landwirtschaftlich, andererseits durch die großpolnische Seenplatte geprägte Woiwodschaft hat daher eine Vorliebe für Rind- und Schweinefleisch ebenso wie für Fisch, aber auch Kartoffeln, Spargel und anderes Gemüse prägen die typische großpolnische Küche.
Ebenso spielen jedoch vor allem das slawische Erbe und der Einfluss der deutschen Küche eine große Rolle, was den Charakter der kulinarischen Besonderheiten in Großpolen betrifft.
Um Ihnen einen Einblick in die vielfältige Küche Großpolens zu gewähren, sind hier die interessantesten traditionellen Gerichte aufgezählt.

SUPPEN

Suppen gehören in der polnischen Küche einfach zu einer vollständigen Mahlzeit dazu. Es gibt unzählige Rezepte, die jenen der anderen Regionen ähneln. Typisch für die Küche Großpolens ist eine Suppe aus jungem Wirsing („*Parzybroda*"), die Kartoffeln, aber auch anderes Gemüse, getrocknete Pilze und Fleischstücke enthält. Und der in Großpolen beliebte „Blinde Fisch" ist kein Fischgericht, sondern tatsächlich eine Kartoffelsuppe. Früher wurde die Suppe in der Fastenzeit zubereitet und sollte dickflüssig sein, da sie damals die einzige Mahlzeit zum Abendessen war. Heute wird die beliebte Suppe oft mit Wurst oder Fleisch ergänzt.

KARTOFFELGERICHTE

Ob einfache Pellkartoffeln („*Pyry z gzikiem*", siehe S. 76) oder Kartoffelpuffer nach Posener Art, die mit Sahne und Zucker serviert werden, ob als Beilage, als Salat oder als Hauptspeise – Kartoffeln sind hier sprichwörtlich in aller Munde. Klößchen aus Kartoffelteig („*Kopytka*") erfreuen sich in ganz Polen großer Beliebtheit, typischerweise werden sie schräg geschnitten und in verschiedenen Varianten aufgetischt. Graue Knödel sind ein weiteres traditionelles Kartoffelgericht der Region und werden aus geriebenen, mit Mehl eingedickten Kartoffeln hergestellt. Traditionell werden sie mit Grieben und gekochtem Sauerkraut serviert.

FLEISCHGERICHTE

Schweinehaxe („*Golonka*") ist ein traditionelles, herzhaftes polnisches Gericht, das nicht nur in Großpolen zu finden ist und in vielen Restaurants angeboten und gerne auf Hochzeiten serviert wird. Sie wird gebraten oder in Bier geschmort und mit verschiedensten Zutaten serviert (Kohl, Möhren, Erbsen, Salzkartoffeln, Brotscheiben, Steinpilze, gebackener Speck, frischer Meerrettich, Preiselbeeren ...). Das Besondere an der großpolnischen Schweinehaxe ist, dass sie üblicherweise in Gemüsebrühe gekocht wird. Die Posener Küche ist auch für ihre Rinderrouladen bekannt. Dabei handelt es sich um dünne Rindfleischscheiben, in die ein Stück Speck, ein Viertel einer eingelegten Gurke und ein Stück Vollkornbrot eingewickelt wird. Aus Fleisch und Gemüse wird „*Zimne nóżki*", eine beliebte Sülze zubereitet, die mit Essig oder Zitronensaft beträufelt wird.

MEHLSPEISEN

Gedämpfte Hefeklöße heißen hier „*Pampuchy*", in anderen Teilen Polens sind sie unter anderen Namen bekannt. Je nach Vorliebe können sie zu Fleischgerichten mit Soße oder süß mit Marmelade oder anderen süßen Zutaten serviert werden. In Großpolen sind sie eine sehr beliebte Zutat zum Sonntagsessen.

SÜSSE GEBÄCKSPEZIALITÄTEN

Großpolen ist auch für seine einzigartigen süßen Köstlichkeiten bekannt. Das beginnt mit den Posener Martinshörnchen, die nach altbewährtem Rezept aus mit weißem Mohn gefülltem Blätterteig hergestellt werden und früher am Martinstag von Bäckern an die arme Bevölkerung verschenkt wurden. „*Rura poznańska*" und „*Babka poznańska*" sind Posener Spezialitäten, es handelt sich dabei um Kekse aus Lebkuchenteig mit Honig und Vanille bzw. um einen leichten, saftigen Sandkuchen mit einer Mischung aus Kartoffel- und Weizenmehl.

Pyry z gzikiem

Pellkartoffeln
mit cremigem Quark

Das Rezept ist eher unspektakulär, seine Tradition dafür umso beeindruckender: „*Pyry z gzikiem*" gehören zu den bekanntesten Gerichten in Großpolen und wurden generell im streng katholischen Polen meistens an Freitagen als fleischloses Mittagessen gereicht. Auch heute werden sie noch oft als leichte, kleine Mahlzeit zubereitet.

Zutaten für 4 Portionen

1 kg Kartoffeln
1 Bund Schnittlauch
250 g Quark (20 % F. i. Tr.)
200 g Crème fraîche
Salz und Pfeffer
10 g frischer Dill
2 Radieschen

Tipp

Falls gewünscht, kann man auch Knoblauch, fein gehackte Zwiebel oder Meerrettich zum Quark hinzufügen, auch Senf oder andere Gewürze wie z. B. Curry können den Quark verfeinern.

Zubereitung

Die Kartoffeln gründlich waschen, ungeschält in einen Topf geben, knapp mit Wasser bedecken und zugedeckt aufkochen, bei mittlerer Hitze zugedeckt 20–25 Minuten kochen.

Den Schnittlauch waschen, trocken schütteln und in feine Röllchen schneiden.

Den Quark mit der Sahne, der Crème fraîche und den Schnittlauchröllchen verrühren, mit Salz und Pfeffer abschmecken.

Ist die Quarkmasse zu dick, kann man sie mit ein wenig Milch verdünnen.

Die weich gekochten Kartoffeln abseihen, kalt abschrecken und jeweils in der Mitte einschneiden.

Die Kartoffeln mit dem Quark anrichten, mit Dill und Radieschen dekorieren.

Zapiekanka

Klassisches polnisches Baguette

„*Zapiekanki*" sind überall in Polen bekannt und zählen daher für mich – auch wenn sie nicht ganz so alt und traditionell wie andere Gerichte in diesem Buch sind – zu den absoluten Klassikern von Polens Imbiss-Kultur, die an Bahnhöfen, an Straßenständen und in Imbissbuden verkauft wurden und auch heute noch als nostalgischer Snack in Food-Trucks angeboten werden. Der klassische Belag (siehe unten) kann nach Belieben abgewandelt werden, z. B. wird das Baguette auch häufig als „Baguette Hawaii" mit Schinken, Käse und Ananas angeboten.

Zutaten für 2 Stück

1 Zwiebel
400 g Champignons
4 EL Butter
Salz und Pfeffer
1 langes Baguette (vom Bäcker)
200 g geriebener Käse
Tomatenketchup
4 EL Schnittlauchröllchen

Zubereitung

Die Zwiebel und die Pilze klein schneiden. In einer Pfanne in der erhitzten Butter so lange anbraten, bis die austretende Flüssigkeit der Pilze verdunstet ist. Mit Salz und Pfeffer würzen.

Das Baguette der Länge nach in der Mitte durchschneiden und die Hälften auf ein Backblech legen.

Das Pilzgemisch gleichmäßig auf den Baguettehälften verteilen und den geriebenen Käse darüberstreuen.

Die Baguettes im Ofen etwa 8–10 Minuten überbacken.

Die Baguettes aus dem Ofen nehmen, das Ketchup zickzack-förmig auf den Baguettes verteilen und mit Schnittlauch bestreuen. Heiß servieren.

Chleb pełnoziarnisty orkiszowy

Dinkelvollkornbrot

In Polen gibt es so viele Brotsorten, dass sie sich von Region zu Region und manchmal sogar von Stadt zu Stadt unterscheiden. „*Chleb*" (Brot) ist in Polen bei allen Mahlzeiten präsent, auch in Restaurants, wo meist in Scheiben geschnittenes Mischbrot zum Essen gereicht wird. Das Sortiment an Broten in polnischen Bäckereien ist beeindruckend. Am beliebtesten sind in Polen „*Chleb zwykły*" (Weizenmischbrote) und „*Chleb biały*" (Weißbrote). Außerdem findet man unterschiedlichste „*Bułka*" (Brötchen), „*Rogalik*" (Hörnchen) und „*Chałka*" (Hefezöpfe).

Zutaten für 1 Kastenform (30 × 12 cm)

100 g Sonnenblumenkerne
100 g Kürbiskerne
ca. 42 g frische Hefe
500 ml lauwarmes Wasser
500 g Dinkelvollkornmehl
10 g Salz
2 EL Essig

etwas Butter für die Form

Zubereitung

Den Backofen auf 200 °C vorheizen, die Kastenform gut befetten. Sonnenblumenkerne und Kürbiskerne miteinander vermischen und eine Handvoll in die befettete Form streuen.

Die Hefe ins lauwarme Wasser geben (zerbröckeln) mit einem Schneebesen gut verrühren, bis sich die Hefe aufgelöst hat. Das Dinkelmehl mit den restlichen Körnern vermischen. Dann die Hefe-Wasser-Mischung dazugeben.

Das Salz und den Essig hinzugeben und alles mindestens 5 Minuten gut verkneten.

Den Teig in die Kastenform einfüllen und optional mit zusätzlichen Sonnenblumenkernen (ca. 1 EL) bestreuen.

Das Brot sofort (ohne Gehenlassen) direkt in den vorgeheizten Ofen schieben und ca. 60 Minuten backen und herausnehmen.

Mit einem Löffel oder mit den Fingerknöcheln auf die Unterseite des Brotes klopfen. Wenn es sich hohl anhört, ist es fertig, wenn es sich dumpf anhört, wieder in den Ofen geben und noch ein bisschen backen lassen.

Zubereitungsvariante

Man kann die Hälfte des Dinkelvollkornmehls durch Roggenmehl ersetzen. Weiters kann man auch Dinkelvollkornmehl mit hellem Dinkel- oder Weizenmehl kombinieren (Mengenverhältnis 1:1). Anstatt Sonnenblumen- und Kürbiskernen kann man dem Teig Studentenfutter oder eine Mischung aus Rosinen und Haselnüssen beifügen, dadurch wird das Brot fruchtiger im Geschmack.

Tipp

Dazu passen Salz-
kartoffeln oder ein
Stück Brot.

Golonka z jabłkami i Kiszoną kapustą

Schweinehaxe

auf Apfel-Möhren-Kraut

„*Golonka*" sind allseits beliebt und repräsentieren die robuste Seite der polnischen Küche. Die Zubereitung von richtig guten Haxen dauert; damit sich das saftige Fleisch fast von selbst vom Knochen löst, müssen Haxen langsam gegart werden. Dieses Gericht ist ein Beweis für die polnische Tradition, aus einfachen Zutaten ein Festmahl zu kreieren. Die Haxen werden je nach Region unterschiedlich zubereitet.

Zutaten für 2–4 Portione

1,5 kg rohe Schweinshaxen (1–2 Stück)
2 Zwiebeln
5 Knoblauchzehen
100 g Sellerieknolle
100 g Möhren
100 g Lauch
4 Lorbeerblätter
5 Wacholderbeeren
1 TL Salz
½ TL Pfeffer

APFEL-MÖHREN-KRAUT

1 Möhre
2 Äpfel
1 Zwiebel
2 EL Butter
250 g Sauerkraut
200 ml Apfelsaft
2 Lorbeerblätter
5 Wacholderbeeren
5 Pfefferkörner
Salz und Pfeffer

Zubereitung

Die Schweinshaxe(n) in einen großen Topf geben, so viel Wasser zufügen, dass die Haxen bedeckt sind.

Zwiebeln, Knoblauch, Sellerieknolle und Möhren schälen, Porree gründlich waschen, alles schneiden und mit Lorbeerblättern, Wacholderbeeren, Salz und Pfeffer ins Wasser geben.

Aufkochen und bei mittlerer Hitze 60 Minuten köcheln lassen.

Die Haxe(n) aus dem Kochsud nehmen und abtropfen lassen.

Die Schwarte mit einem scharfen Messer entfernen, die Haxe in eine Bratenform oder einen Schmortopf mit Deckel legen, mit Salz und Pfeffer bestreuen, mit etwas vom Kochsud begießen.

Im vorgeheizten Backofen bei 180 °C ca. 1 Stunde zugedeckt schmoren lassen, zwischendurch immer wieder mit dem Sud übergießen bzw. Kochsud nachgießen (etwa 15 Minuten vor Garende den Deckel abnehmen, damit die Stelze etwas Farbe annimmt).

Für das Kraut die Möhre grob reiben, die Äpfel schälen, entkernen und in kleine Würfel schneiden, die geschälte Zwiebel fein hacken und alles gemeinsam in Butter glasig dünsten.

Das Sauerkraut in einem Sieb kalt abspülen, mit den restlichen Zutaten zur Apfel-Möhren-Zwiebel-Mischung geben und etwa 40 Minuten weich köcheln.

Die fertig gegarte Haxe auf dem Apfel-Möhren-Kraut anrichten.

Kopytka ziemniaczane ze szpinakiem i parmezanem

Kartoffel-Spinat-Klößchen

Diese hübschen Kartoffelklößchen mit ihrer Rautenform nennt man in Polen „*Kopytka*“ (Kleine Hufe). Die polnische Küche ist reich an Mehlspeisen, und gerade sie sind es, die besonders häufig als „Wohlfühlessen“ gelten. Diese Klößchen werden gerne als Beilage zu Fleischgerichten mit Soße gereicht, sie sind aber auch als süßes Gericht mit zerlassener Butter, Paniermehl und Zucker ein Gedicht! Ich habe das traditionelle Rezept abgewandelt und mit frischem Spinat verfeinert.

Zutaten für 4 Portionen

500 g Kartoffeln
Salz (für das Kochwasser)
1 Handvoll frischer Spinat
4 EL Speisestärke
80 g Weizenmehl
1 Ei
½ TL Salz

etwas Butter zum Beträufeln
Parmesan zum Bestreuen

Zubereitung

Die Kartoffeln schälen und in Salzwasser weich kochen. Danach abseihen und ausdampfen lassen.

Die Kartoffeln stampfen und auskühlen lassen.

Den Spinat mit einem Stabmixer pürieren. Anschließend alle Zutaten für den Teig rasch verkneten, sodass ein glatter Teig entsteht, daraus lange Rollen mit 2–3 cm Ø formen.

Mit einem Messer die Rollen schräg in etwa 2 cm lange Stücke schneiden.

Die geschnittenen Klößchen in kochendes Wasser geben. Sobald sie an der Oberfläche schwimmen, eine weitere Minute kochen.

Die geschmolzene Butter über die Klößchen träufeln und Parmesan darüberstreuen.

Surówki

Salate

Salate in allen erdenklichen Variationen sind fester Bestandteil der polnischen Küche. Vor allem Gurkensalat oder Salate mit Kohl, Sellerie und vielen anderen Gemüsesorten sind als Beilage zu pikanten Gerichten nicht wegzudenken. Aber auch modernere Kreationen, wie z. B. der Rucola-Orangen-Salat, sind sehr beliebt.

Bunter Spitzkohlsalat

(Kolorowa wiosenna surówka z kapusty)

Einen Kopf Spitzkohl halbieren, vom Strunk befreien und in sehr feine Streifen schneiden. 1 Möhre, 5 Radieschen, 1 Apfel grob raspeln, 1 kleine Zwiebel und 1 Bund Dill sehr fein hacken. Für die Marinade 1 EL Zucker, ½ TL Salz, Pfeffer, Saft ½ Zitrone und 2–3 EL neutrales Öl gut verquirlen und mit den übrigen Zutaten vermengen.

Sellerie-Apfel-Rosinen-Salat

(Surówka z selera z rodzynkami)

Eine Handvoll Rosinen mit kochendem Wasser übergießen und 5–7 Minuten quellen lassen, dann abseihen. ½ Sellerieknolle und 2 Äpfel schälen und grob raspeln. 150 g Crème fraîche sowie Rosinen zufügen, mit Salz, Pfeffer und falls gewünscht mit etwas Zucker würzen, alles gut vermengen.

Gurkensalat

(Mizeria)

1 Salatgurke putzen (falls gewünscht schälen) und in sehr dünne Scheiben hobeln. 1 Bund Dill fein hacken. Gurken und Dill mit 400 g griechischem Joghurt mischen, mit Salz, Pfeffer und Zucker abschmecken.

Rucola- Orangen Salat

(Sałatka z rukoli i pomarańczy)

Für die Vinaigrette 100 ml Orangensaft, 100 ml neutrales Öl, 2 EL weißen Balsamico-Essig, 1 EL flüssigen Honig, 2 TL süßen Senf, etwas Salz und Pfeffer verrühren oder mit einem Pürierstab aufmixen. 1 Orange schälen, die Spalten filetieren. 100 g Rucola, 40 g Walnüsse, 100 g Himbeeren, falls gewünscht etwas würfelig geschnittener Schafskäse oder Mozzarella mit den filetierten Orangen und der Vinaigrette vermengen.

Parowce/Kluchy na łachu

Gedämpfte Hefeklöße

In Großpolen sind gedämpfte Hefeklöße eine beliebte Beilage zu Fleischgerichten mit Soße. Als süße Variante werden sie mit zerlassener Butter, Mohn und Zucker, mit Vanille- oder Schokoladensoße, aber auch mit Kompotten serviert. Sie sind herrlich fluffig und nehmen Saucen hervorragend auf. Meine Oma machte für Familientreffen immer diese Klöße, und zwar in Etappen, weil alle auf einmal konnte sie nicht dämpfen.

Zutaten für 10–12 Stück

300 g Mehl
15 g Frischhefe
ca. 150 ml lauwarme Milch
30 g Zucker
40 g flüssige Butter
1 Ei

zerlassene Butter zum Beträufeln
Mohn und Zucker zum Bestreuen

* Am besten werden die Hefeklöße, wenn sie im Dampfgarer oder in einem Topf mit einem Siebeinsatz zugedeckt über kochendem Wasser gegart werden.

Zubereitung

Das Mehl in eine Schüssel geben, in der Mitte eine Mulde machen, die Hefe hineinbröseln, etwas von der Milch dazugießen und mit etwas vom Mehl zu einem Brei verrühren, 15 Minuten an einem warmen Ort gehen lassen.

Dann die restlichen Zutaten zum Teig geben und zu einem glatten Teig verkneten, etwa 60 Minuten gehen lassen.

Den aufgegangenen Teig in 10–12 gleich große Stücke teilen und diese rund formen, auf einem bemehlten Brett zugedeckt weitere 30 Minuten gehen lassen.

Die Klöße etwa 15 Minuten zugedeckt dämpfen*, keinesfalls zwischendurch öffnen, sonst fallen die Klöße zusammen!

Die Hefeklöße mit zerlassener Butter beträufeln und mit Mohn und Zucker bestreut servieren.

Tipp

Wer keinen Dampfgarer oder Siebeinsatz-Topf hat, nimmt einen normalen Topf, kocht darin Wasser auf, hängt ein leicht mit Öl eingefettetes Sieb in den Topf und gart im Sieb die Hefeklöße nacheinander über dem heißen Wasserdampf (mit einem Deckel zugedeckt).

Schnecka z glancem

Hefeschnecken mit Streuseln

und Überguss

Wie überall in Polen liebt man auch in Wielkopolskie süßes Gebäck. Die beliebteste lokale Süßigkeit sind „Schnecka z glancem", die oft zusätzlich mit Streuseln gemacht werden. Denn verschiedenste Streuselbrötchen („*Drożdżówki*") sind einfach in jeder Bäckerei erhältlich!

Zutaten für 6–8 Stück

TEIG*

400 g Mehl Type 405
30 g frische Hefe
75 g Zucker
250 ml Milch
100 g Butter
3 Eigelbe
1 EL abgeriebene Schale von einer Bio-Orange

1 Eiweiß zum Bestreichen

STREUSEL

120 g Mehl
90 g kalte Butter
50 g Zucker

ÜBERGUSS

150 g Puderzucker
ca. 4 EL Zitronensaft

* Die Teigzutaten sollten Zimmertemperatur haben.

Zubereitung

Das Mehl in eine Schüssel geben, in der Mitte eine Mulde machen, die Hefe hineinbröseln, mit 1 TL vom Zucker, 50 ml von der lauwarmen Milch und etwas vom Mehl zu einem Brei verrühren, zugedeckt an einem warmen Ort etwa 10–15 Minuten gehen lassen.

Dann mit der geschmolzenen Butter und den restlichen Teigzutaten zum Teig geben und zu einem glatten Teig verkneten, etwa 60 Minuten gehen lassen (bis er sein Volumen verdoppelt hat.

Den Teig auf einer leicht bemehlten Arbeitsfläche noch einmal kurz durchkneten und in 6–8 gleich große Stücke teilen, diese zunächst rund und dann zu Rollen formen (2–3 cm Ø).

Die Teigrollen spiralförmig zu Schnecken einrollen, diese auf ein mit Backpapier belegtes Backblech legen und zugedeckt nochmals so lange gehen lassen, bis sie sich sichtbar vergrößert haben (ca. 20 Minuten).

Die Streuselzutaten vermischen, mit den Händen grob zerkrümeln.

Die Brötchen mit dem verquirlten Eiweiß bepinseln, die Streusel darauf verteilen.

Im auf 180 °C Ober-/Unterhitze vorgeheizten Backofen etwa 20 Minuten goldbraun backen.

Für den Überguss Zucker mit Zitronensaft glatt verrühren, die Brötchen damit überziehen.

Faworki

„Raderkuchen"

Das traditionelle polnische Schmalzgebäck wird auch „*Chrusty*", „*Chruściki*" oder „*Kreple*" genannt. „*Faworki*" werden nicht nur während der Fastnachtszeit zubereitet. Das Gebäck hat die Form geschlungener Teigschleifen und wird nach dem Ausbacken mit Puderzucker bestreut. Die süßen Teilchen haben echtes Suchtpotenzial und passen sehr gut zu Tee oder Kaffee.

Zutaten für ca. 40 Stück

TEIG

300 g Weizenmehl
4 Eigelbe
ca. 5 gehäufte EL saure Sahne
½ TL Zucker
1 P. Vanillezucker
1 EL Essig (6 %)
½ TL Salz

ca. 1 l neutrales Speiseöl oder Schmalz zum Ausbacken
Puderzucker zum Bestreuen

Zubereitung

Für den Teig das Mehl, die Eigelbe, die saure Sahne, den Zucker, den Vanillezucker, das Salz und den Essig zu einem geschmeidigen Teig verkneten (eventuell noch etwas Mehl unterkneten, wenn der Teig zu klebrig ist).

Den Teig portionsweise auf einer leicht bemehlten Arbeitsfläche sehr dünn ausrollen (den Rest des Teiges mit einem Küchentuch abdecken, damit er nicht austrocknet).

Den ausgerollten Teig mit einem Messer oder Teigrad in etwa 4 × 10 cm große Streifen schneiden.

Jeden Streifen längs in der Mitte einschneiden und ein Ende des Streifens durch das Loch ziehen.

Das Fett erhitzen, die Faworki darin auf beiden Seiten goldgelb backen.

Die fertigen Faworki mit einem Siebschöpfer aus dem Fett heben und auf einem Papiertuch abtropfen und auskühlen lassen, dann mit Puderzucker bestreuen.

Schlesien

Land & Leute

GEOGRAFIE & LANDSCHAFT

Die frühere deutsche Provinz Schlesien ist heute in drei Woiwodschaften unterteilt: Niederschlesien (Dolnośląskie), Oppeln (Opolskie) und Schlesien (Śląskie). Schlesien mit der Hauptstadt Katowice liegt im Süden Polens. Wirtschaftlich spielen Bergbau und Industrie eine große Rolle. Dennoch gibt es eine reiche Auswahl an Sehenswürdigkeiten: Zahlreiche Burgruinen aus dem 15. Jh., die schönsten polnischen Schlösser (etwa in Ogrodzieńcu), Industriedenkmäler wie das Silberbergwerk in Tarnowskie Góry und Naturattraktionen (z. B. die Błędowska oder die Siedlce-Wüste, das Krakowsko-Częstochowskiej Hochland, Pisten und Wanderwege in den Beskiden u. v. m.) sind verlockende Touristenziele.

KULTURELLE BESONDERHEITEN

Schlesien ist von allen Woiwodschaften Polens am dichtesten besiedelt. Die schlesische Sprache hat ihre Wurzeln in der deutschen Sprache und unterscheidet sich deutlich von der polnischen Sprache. Die Einwohner Schlesiens sind sehr stolz auf ihren Dialekt, der auch in der Literatur und Kunst dieser Region verankert ist. Eine wichtige Brauchtumsveranstaltung in Schlesien ist das Ertränken der „Marzanna", einer Strohpuppe, die den Winter symbolisiert, am vierten Fastensonntag. Gefeiert werden auch das Erntedankfest mit Erntekrone und natürlich (aufgrund der Bergbautradition) der Barbaratag am 4. Dezember.

Regionale Besonderheiten & Produkte

LANDWIRTSCHAFTLICHE PRODUKTE

Fast 40 % der Fläche Schlesiens werden landwirtschaftlich genutzt. Wichtige bäuerliche Produkte sind Fleisch, Kohl und Kartoffeln. Darüber hinaus war es früher für die meisten Schlesier sehr wichtig, ihre Lebensmittel selbst zu produzieren. Fast jeder Haushalt hatte einen Garten, in dem Gemüse, Obst und zahlreiche Kräuter angebaut wurden. Früher wurde gegessen, was die Jahreszeit bot: Während im Frühling junge Kartoffeln und frühes Gemüse auf den Tisch kamen, hatten im Sommer und Herbst Obst und viele Gemüsesorten Saison. Seit jeher ist Einwecken von Obst und Gemüse in Polen weit verbreitet, um auch im Winter die zahlreichen Feld- und Gartenfrüchten genießen zu können.

KOMPOTTE UND SÄFTE

Frucht- und Beerensäfte sowie Fruchtkompotte aus Äpfeln, Birnen, Kirschen, Pflaumen oder Beeren sind sehr beliebt in Schlesien. Fruchtkompotte werden als Beilage zum Mittagessen serviert.

SCHLESISCHES BIER

Regionale schlesische Brauereien bieten eine große Auswahl an Bieren, darunter auch traditionelles Weißbier.

Regionale Traditionsgerichte

Die schlesische Küche ist beeinflusst von der deutschen, tschechischen und jüdischen Küche. Ihre Vielfalt drückt sich auch darin aus, dass es neben der traditionellen ländlichen Küche eine besonders herzhafte Bergmannskost gab und als Kontrast dazu die feine bürgerliche Küche, die geprägt von erlesenen Zutaten (wie z. B. Wild) war. In Schlesien geht es nicht nur um Essen, sondern auch um familiäre und gesellschaftliche Traditionen. Hier werden Gäste oft an einer langen Tafel bewirtet, die sich unter vielen typisch schlesischen Gerichten förmlich biegt.

FLEISCHGERICHTE, GRÜTZEN & SOSSEN

Typisch für Schlesien sind die kalorienreichen Gerichte, oft auf der Basis von Fleisch, wie z. B. Schweinekoteletts, Schweinshaxe oder schlesische Wurst. Dazu sind Grützen und Soßen sehr beliebt. Die Fleischrouladen aus Rindfleisch mit unterschiedlichen Füllungen zählen zu den charakteristischsten Gerichten der schlesischen Küche, gegart werden sie oft in einer aromatischen Gemüßesoße. Blutwurst mit Grütze („*Śląski krupniok*") ist eine typische schlesische Spezialität, die heiß oder kalt, gegrillt oder gekocht mit Brot oder Kartoffeln gegessen wird.

SUPPEN

Erbsensuppe, Kartoffelsuppe oder Kohlsuppe mit Speck oder Rippchen zählen zu den Klassikern der schlesischen Küche. Besonders bekannt sind jedoch die Brotsuppe, Hühnerbrühe mit Nudeln (Rezept siehe S. 100 f.) sowie die Sauermehlsuppe (Rezept siehe S. 103).

KARTOFFELGERICHTE, KOHL & SAUERKRAUT

Ein Herzstück der schlesischen Küche sind die berühmten schlesischen Kartoffelklöße („*Kluski śląskie*") mit ihrer samtigen Textur (Rezept siehe S. 111), die sowohl als Beilage für pikante Gerichte oder als eigenständige Gerichte mit süßen oder salzigen Zutaten serviert werden. Tradition haben auch Kartoffelpuffer, Gerichte mit Kartoffelpüree oder der schlesische Kartoffelsalat („*Szałot*"). Neben Kartoffeln sind Kohl und Sauerkraut fester Bestandteil vieler schlesischer Gerichte wie „*Bigos*", Rotkohl mit Speck und Zwiebeln oder Kartoffelwurst.

KUCHEN & CO

Besonders beliebt ist in Schlesien der „*Kołacz*" (siehe S. 116), ein Hefekuchen mit Äpfeln, Quark oder Mohn. Aber auch andere Kuchen, Desserts oder Krapfen („*Pączki*") werden häufig aufgetischt. Der „*Miodownik*" (ein Schichtkuchen aus Biskuit mit Honigfülle) hatte früher bei jüdischen Hochzeiten Tradition.

SPEZIALITÄTEN

Zu den absoluten regionalen Besonderheiten zählen ein selbst gemachtes Sauerteigkonzentrat („*Zakwas*", Rezept siehe S. 103) und schlesische Oblaten. Die traditionellen schlesischen Oblaten sind rund, knusprig und besonders zart und werden auf speziellen Backblechen gebacken, die oft mit aufwendigen Mustern geprägt sind. Diese Delikatesse ist in Schlesien seit Generationen bekannt und wurde 2010 in die Liste der traditionellen Produkte in der Kategorie Back- und Süßwaren aufgenommen.

Eine weitere Spezialität sind die sogenannten Grubenbonbons („*Kopalnioki*"). Mit ihrer charakteristischen kohlschwarzen Farbe erinnern sie an die Bergbautradition der Region. Es heißt, sie wurden deshalb erfunden, um das von schwerer Arbeit geprägte harte Leben der schlesischen Bergwerksarbeiter zu versüßen und ihre Laune zu verbessern. Die Bonbons werden in Oberschlesien nach altem Rezept hergestellt, ihren typischen Geschmack verdanken sie einer Kombination aus Kräuterextrakten (Anis, Melisse, Johanniskraut und Pfefferminze).

Rosół z nudlami

Hühnerbrühe

Die Hühnersuppe – von vielen als die Königin der polnischen Suppen bezeichnet – wird mit dünnen Nudeln als Einlage serviert und ist in den meisten polnischen Haushalten ein beliebtes Sonntagsgericht. Daneben gilt sie als gutes Heilmittel bei Erkältungen. In Schlesien wird traditionell Hühnersuppe bei Hochzeiten serviert. In manchen Regionen Polens wird die Suppe statt mit Nudeln mit gekochten Salzkartoffeln serviert.

Zutaten für 8–12 Portionen

1 küchenfertiges Suppenhuhn (à ca. 1,2 kg, am besten Bio)
1 Zwiebel
1 Bund Suppengemüse (Möhren, Sellerie, Porree)
2 Petersilienwurzeln
1 Lorbeerblatt
1 TL Salz
½ TL Pfeffer
5 schwarze Pfefferkörner
2 Pimentkörner
2,5–3 l kaltes Wasser

EINLAGE
ca. 250 g dünne Suppennudeln
1 Bund frische Petersilie

* Das gekochte Hühnerfleisch wird in vielen polnischen Haushalten als Füllung für Fleischpierogen oder für die Zubereitung von Pasteten verwendet. Natürlich können Sie das in Stücke geschnittene Hühnerfleisch jedoch auch mit der Suppe anrichten.

Zubereitung

Das Suppenhuhn unter kaltem Wasser abspülen (innen und außen) und in einen großen Topf geben.

Die Zwiebel in zwei Hälften schneiden, in einer Pfanne ohne Fett auf der Schnittseite braun anrösten.

Das Gemüse waschen, putzen bzw. schälen und grob schneiden, dann mit den Gewürzen zum Huhn in den Topf geben.

Das Huhn mit kaltem Wasser bedecken und zum Kochen bringen, dann die Hitze reduzieren.

Die Suppe gute 2 Stunden leicht köcheln (die Suppe darf nicht kochen, sonst verliert sie ihren Geschmack).

Zwischendurch immer wieder den sich bildenden Schaum abschöpfen, damit die Suppe schön klar bleibt.

10 Minuten vor Garende das Huhn herausnehmen und etwas abkühlen lassen. Das Fleisch von den Knochen lösen und in Stücke scheiden*.

Die Hühnerbrühe durch ein Sieb gießen, dabei die Brühe auffangen und wieder in den Topf geben, nach Belieben mit Salz und Pfeffer nachwürzen.

Als Einlage die Nudeln separat in reichlich Salzwasser bissfest kochen, inzwischen die Petersilienblätter abzupfen und fein hacken.

Die Nudeln abseihen, in Suppenschalen oder Suppentellern verteilen, die Hühnersuppe eingießen, falls gewünscht gekochte Möhren und/oder Petersilienwurzeln (von der Hühnerbrühe) mit anrichten und mit gehackter Petersilie bestreut servieren.

Domowy makaron

Selbst gemachte Nudeln

Für Nudelteig mit Eiern wird in der Regel pro 100 g Mehl 1 Ei verwendet. Üblicherweise berechnet man etwa 80 g frische Nudeln je Portion.

Zutaten für ca. 300 g frische Nudeln

200 g italienisches Mehl Typ 00 oder Weizenmehl Typ 405
2 Eier
1 Prise Salz

Zubereitung

Alle Zutaten in eine Rührschüssel geben und mit den Knethaken des Handmixers zu einem glatten, geschmeidigen Teig verkneten (ist der Nudelteig zu bröckelig, tropfenweise Wasser hinzugeben, bis die Konsistenz passt, ist er zu weich und klebrig, noch etwas Mehl unterkneten).

Den Teig zu einer Kugel formen, mit einem Küchentuch oder Frischhaltefolie abdecken und ca. 30 Minuten bei Zimmertemperatur ruhen lassen.

Anschließend auf einer mit Mehl bestreuten Arbeitsfläche dünn ausrollen, dann in 10 cm breite Streifen schneiden, diese der Länge nach zweimal zusammenfalten (das erleichtert das Schneiden) und in ganz schmale Nüdelchen (oder falls gewünscht in 1 cm breite Bandnudeln) schneiden.

Wenn man die Nudeln sofort verwendet will, einfach in kochendem Salzwasser 1–3 Minuten (je nach Dicke der Nudeln) köcheln lassen.

Tipp

Wenn man gleich mehr Nudeln auf einmal zubereitet, kann man die nicht benötigten Nudeln trocknen. Dazu die Nudeln locker auf bemehlten Küchentüchern oder auf Kuchengittern verteilen und bei Zimmertemperatur mindestens 6–10 Stunden (je nach Dicke der Nudeln) trocknen lassen.
Dunkel, kühl und luftdicht verschlossen sind selbst gemachte, getrocknete Nudeln rund 2–3 Monate haltbar. Getrocknete Nudeln benötigen eine Kochzeit von rund 5–7 Minuten.

Tipp

* Statt selbst gemachtem Zakwas kann man fertigen „Żurek-Sud“ verwenden. Dieser ist in polnischen und russischen Lebensmittelgeschäften erhältlich.

Tipp

Manchmal wird diese traditionelle Sauermehlsuppe in kleinen, ausgehöhlten Brotlaiben serviert. Sie können dafür selbst gebackenes oder gekauftes Brot verwenden.

Żur Śląski

Schlesische Sauermehlsuppe

Sauermehlsuppe, meist „*Żurek*“ genannt, zählt zu den beliebtesten polnischen Spezialitäten. Traditionell wird sie am Ostersonntag gegessen, aber auch häufig unterm Jahr. Es handelt sich um eine mit Sauerteigkonzentrat gesäuerte Suppe mit Möhren und Kartoffeln, die oft mit Weißwürsten und Eiern serviert wird. In einigen polnischen Regionen variieren die Zutaten. In Schlesien kennt man sie als „*Żur Śląski*“.

Zutaten für ca. 8 Portionen

„ZAKWAS“ (SELBST GEMACHTES SAUERTEIGKONZENTRAT)

6 EL Roggenmehl
500 ml abgekochtes, abgekühltes Wasser
5 geschälte Knoblauchzähen
4 Lorbeerblätter
6 Pimentkörner

SUPPE

400 g Kartoffeln
300 g Möhren
1 kleine Zwiebel
1 große Knoblauchzehe
500 g polnische Weißwürste (oder andere Würste wie z. B. Cabanossi oder Mettwürste)
1 EL Öl
1,3 Liter Wasser
1 EL Majoran
½ TL Salz
frisch gemahlener Pfeffer
500 ml selbst gemachter Zakwas*
6 hart gekochte Eier
frische Petersilie

Zubereitung

Etwa 7 Tage bevor die Suppe zubereitet werden soll, das Roggenmehl in ein sauberes Einmachglas geben. Das abgekochte und danach abgekühlte Wasser dazugießen, dabei ständig mit einem Holzlöffel umrühren, damit keine Klumpen entstehen. Die restlichen Zakwas-Zutaten dazugeben.

Das Glas mit einem Leinentuch oder mit Gaze zudecken und an einen kalten, dunklen Ort stellen (max. 20 °C).

Den Zakwas zweimal täglich mit einem sauberen Löffel umrühren.

Nach ca. 7 Tagen den fertigen Zakwas abseihen und die Gewürze und die Knoblauchzehen wegwerfen.

Wenn der Zakwas fertig ist, für die Suppe Kartoffeln und Möhren schälen und klein würfeln, Zwiebel und Knoblauch schälen und fein hacken, Würste in Scheiben schneiden.

Öl in einem Topf erhitzen, darin Zwiebel, Knoblauch, Wurstscheiben und Gemüse anschwitzen.

Mit Wasser ablöschen, Majoran, Salz und Pfeffer zufügen und ca. 20 Minuten köcheln lassen.

Den selbst gemachten Zakwas zur Suppe geben ca. 5 Minuten weiterköcheln lassen, mit Salz und Pfeffer abschmecken.

Die Eier schälen und halbieren, die Suppe in Tellern verteilen, mit den halbierten Eiern und Petersilienblättern garniert servieren.

Tradycyjna polska sałatka jarzynowa

Traditioneller polnischer Gemüsesalat

Dieser fantastisch schmeckende Klassiker der polnischen Küche darf in Schlesien bei keiner Hochzeit, keinem Geburtstag und keiner Taufe fehlen. Zu Weihnachten und Ostern wird er in ganz Polen gerne aufgetischt. Auch im Alltag ist der einfache Salat als Beilage zum Grillen, zu heißen Wienerwürstchen oder als sättigender Mittagssnack zum Mitnehmen in der Lunchbox sehr beliebt.

Zutaten für 4–6 Portionen

400 g Kartoffeln
450 g Möhren
200 g Petersilienwurzeln
4 Eier (Größe M)
400 g grüne Erbsen (aus der Dose)
200 g Salzgurken
1 säuerlicher Apfel
50 g Porree
ca. 250 g Mayonnaise
1 EL mittelscharfer Senf
½ TL Salz
½ TL Pfeffer

Zubereitung

Die Kartoffeln, die Möhren und die Petersilienwurzeln waschen, ungeschält zusammen in einem Topf in Salzwasser ca. 25 Minuten weich kochen.

Die Eier ca. 10 Minuten hart kochen, abkühlen und schälen, die Erbsen abseihen.

Die gekochten Kartoffeln, Möhren und Petersilienwurzeln abseihen, abkühlen lassen, schälen, dann kleinwürfelig schneiden.

Die Salzgurken und die geschälten Eier ebenfalls klein würfeln. Den Apfel schälen und in kleine Würfel schneiden, den Porree gründlich waschen, abtropfen lassen und in sehr feine Ringe schneiden.

Alle Zutaten in eine Schüssel geben, mit Mayonnaise und Senf vermengen und mit Salz und Pfeffer würzen.

Tipp

Der Salat schmeckt besonders gut, wenn man ihn schon einen Tag vorher zubereitet, damit er über Nacht im Kühlschrank durchziehen kann. Dazu serviert man Schwarzbrot oder Brötchen.

Tipp

Zu Frikadellen schmecken auch andere Beilagen wie Kartoffelpüree, Kartoffelsalat, cremiges Rahmgemüse (z. B. Kohlrabi-, Möhren- oder Wirsinggemüse) sowie Gurken- oder Tomatensalat.

Tipp

Weitere Zutaten für die Frikadellen sind z. B. fein gehackte Petersilie oder Dill, klein gehackte Essiggurke oder Paprikaschote, Mais oder kleinwürfelig geschnittener Schafskäse.

Karminadle czyli śląskie mielone

Frikadellen

Ob bei Kindern oder Erwachsenen – Gerichte aus Hackfleisch sind in Polen überaus populär. So zählen auch die „*Karminadle czyli śląskie mielone*" nicht nur in Schlesien, sondern in ganz Polen zu den beliebtesten Gerichten.

Zutaten für 4 Portionen

1 Brötchen vom Vortag
1 große Zwiebel
500 g gemischtes Hackfleisch
1 Ei
½ TL Pfeffer
½ TL Salz
1 TL Majoran
1 EL Senf

Paniermehl zum Wälzen
Butterschmalz, Schmalz oder Öl zum Braten

BEILAGEN
Kartoffeln mit Röstzwiebeln
Rote-Bete-Salat

Zubereitung

Das Brötchen in ca. 200 ml Wasser oder Milch legen (das Brötchen soll bedeckt sein) und 10 Minuten einweichen lassen. Nach etwa 5 Minuten das Brötchen umdrehen.

Die Zwiebel schälen und sehr fein würfeln, in wenig erhitztem Fett leicht andünsten.

Das Brötchen gut ausdrücken, mit den restlichen Zutaten in einer Schüssel mit den Händen gründlich verkneten.

Dann mit angefeuchteten Händen je nach gewünschter Größe 6–12 Frikadellen formen, diese in Paniermehl wälzen.

Butterschmalz in einer großen Pfanne erhitzen. Darin die Frikadellen bei mittlerer Hitze von jeder Seite 6–8 Minuten braten (erst wenden, wenn sich eine Kruste gebildet hat). Aus der Pfanne nehmen und auf Küchenpapier abtropfen lassen.

Für die Beilagen etwa 800 g Kartoffeln schälen, vierteln und in Salzwasser weich kochen, abseihen, ausdampfen lassen. Im übrig gebliebenen Bratfett der Frikadellen (in derselben Pfanne) eine klein geschnittene Zwiebel anrösten und diese mit dem Bratfett über die Salzkartoffeln gießen.

Für den Salat ca. 500 g gekochte Rote Bete und 1–2 Apfel schälen, grob raspeln, 1/2 klein geschnittene Zwiebel, Salz, Pfeffer etwas Zucker sowie 2–3 EL Crème fraîche dazugeben und gut vermengen.

Ciapkapusta

Kartoffeln mit Sauerkraut

und Räucherspeck („Panczkraut“)

Dieses einfache und wohlschmeckende Gericht ist typisch für Schlesien. Es wird meist zu gebratenen Rippchen oder Frikadellen serviert, aber auch als Hauptgericht schmeckt es hervorragend.

Zutaten für 4 Portionen

500 g Sauerkraut
1 kg Kartoffeln
2 mittelgroße Zwiebeln
200 g Räucherspeck oder mehr (bis zu 400 g)
4 EL Öl
½ TL Salz
½ TL Pfeffer
1 TL Majoran

Zubereitung

Das Sauerkraut unter kaltem Wasser kurz abbrausen, in einem Topf mit ein wenig Wasser etwa 50 Minuten ganz leicht köcheln lassen.

Die geschälten Kartoffeln in Salzwasser weich kochen (etwa 30 Minuten).

Inzwischen die Zwiebeln schälen und kleinwürfelig schneiden, den Speck in Würfel schneiden und beides in einer Pfanne in wenig Öl anbraten.

Sobald das Kraut fertig ist, das restliche Kochwasser abgießen, die Zwiebel-Speck-Mischung hinzufügen.

Die weich gekochten Kartoffeln abseihen, zerstampfen und mit dem Sauerkraut vermischen, mit Salz, Pfeffer und Majoran würzen.

Tipp

Das Panczkraut schmeckt aufgewärmt sogar noch besser!

Kluski śląskie z boczkiem i cebulką

Schlesische Kartoffelklöße

mit Zwiebeln und Speck

Trotz ihrer „Regionsbezeichnung“ sind die schlesischen Klöße in der gesamten polnischen Küche verbreitet. Die Besonderheit der Knödel ist das Loch in der Mitte, wodurch sie besonders viel Soße aufnehmen können. Deshalb werden diese Klöße meistens als Beilage zu Fleisch mit Soße, zum Beispiel zu Braten oder Gulasch gereicht. Manchmal sind sie mit einem „Topping“ wie hier aber auch ein einfaches, preisgünstiges Hauptgericht.

Zutaten für ca. 4 Portionen

KLÖSSE
ca. 500 g Kartoffeln
125 g Kartoffelstärke (Kartoffelmehl)
1 Ei
½ TL Salz

ca. 50–100 g Kartoffelstärke zusätzlich zum Kneten und Formen

TOPPING
1 Zwiebel
200 g Räucherspeck
4 EL Butter oder Öl

Zubereitung

Die Kartoffeln schälen und in Salzwasser 20 Minuten weich kochen, das Wasser abgießen, Kartoffeln in eine große Schüssel geben und mit einem Kartoffelstampfer (oder einer Kartoffelpresse) zu Püree zerdrücken.

Die zerstampften Kartoffeln, die Kartoffelstärke, das Ei sowie das Salz in einer Schüssel mit den Händen zu einem glatten Teig verkneten (bei Bedarf auch etwas mehr Kartoffelstärke hinzufügen, damit die Klöße nicht klebrig sind, aber nicht zu viel, sonst werden sie hart!).

Den Kartoffelteig mit den Händen zu kleinen Kugeln formen, diese leicht flach drücken und mit dem Daumen eine Mulde in die Mitte drücken.

In einem großen Topf reichlich Wasser mit etwas Salz zum Kochen bringen. Die Klöße portionsweise einlegen, mit einem Kochlöffel kurz umrühren, damit sie sich nicht am Boden anlegen, und die Temperatur reduzieren.

Wenn die Klöße an die Wasseroberfläche kommen, noch ca. 2 Minuten weiterköcheln lassen.

Anschließend die Klöße mit einer Schaumkelle aus dem Topf heben.

Für das Topping die Zwiebel schälen und fein hacken, den Speck in kleine Würfel schneiden.

Beides mit etwas Butter in einer Pfanne goldbraun anbraten. Anschließend die Klöße damit anrichten.

Rolada wołowa

Rinderroulade

Die klassische Rinderroulade gehört sicher zu den beliebtesten Sonntags- und Festtagsessen – ein Geschmack, der ganze Generationen, nicht nur in Schlesien, sondern in ganz Polen und darüberhinaus in ganz Europa begleitet. Die Zubereitung braucht etwas Geduld, wahrscheinlich hat deswegen meine Mama immer nachgefragt, ob es auch schmeckt, wenn sie Rinderrouladen gemacht hat.

Zutaten für 4 Portionen

ROULADEN

4 große Scheiben Rindfleisch (Oberschale)
4 EL Senf
Salz und Pfeffer
4 Gewürzgurken
1 große Zwiebel
4 Scheiben Frühstücksspeck
Öl zum Anbraten

SOSSE

1 Bund Suppengrün (Lauch, Sellerie, Möhre)
1 EL Zucker
1 TL Tomatenmarkt
200 ml Rotwein
250 ml Rinder- oder Gemüsefond

Zubereitung

Die Fleischscheiben falls nötig flach klopfen, mit Senf bestreichen, mit Salz, Pfeffer würzen.

Die Gewürzgurken in Scheiben, die Zwiebel in kleine Würfel schneiden, ebenso wie den Speck auf den 4 Fleischscheiben verteilen.

Das Fleisch zusammenrollen und die Roulade mit Zahnstochern zusammenstecken.

Die Rouladen auch außen mit Salz und Pfeffer und in einem Bräter oder in einer Schmorpfanne in etwas erhitztem Öl rundherum anbraten.

Die Rouladen herausnehmen und beiseitestellen.

Für die Soße das Suppengrün putzen und in Würfel schneiden, in etwas erhitztem Öl anrösten.

Zucker und Tomatenmark zugeben, kurz mitrösten und dann mit dem Rotwein und dem Rinder- oder Gemüsefond nach und nach ablöschen.

Nun das Fleisch wieder in den Bräter bzw. in die Schmorpfanne geben und zugedeckt im auf 180 °C vorgeheizten Backofen ca. 90–120 Minuten schmoren lassen.

Danach die Soße entweder mit dem Mixstab pürieren oder durch ein feines Sieb streichen, abschmecken und bei mittlerer Hitze auf die gewünschte Konsistenz reduzieren (die Flüssigkeit verdampft und die Sauce wird dickflüssig).

Tipp

Die Rouladen können auch mit Lamm-, Kalb-, Schweine- oder Putenfleisch gemacht werden. Als Beilagen passen Spätzle, Salzkartoffeln, schlesische Klöße (siehe S. 111) oder Rotkohl (siehe S. 115).

Tipp

Die Hälfte des Apfelsafts kann man durch 100 ml Rotwein ersetzen. Sehr aromatisch wird der Rotkohl, wenn man ½ TL Zimt hinzufügt.

Czerwona Kapusta z jabłkami i boczkiem

Rotkohl mit Äpfeln und Speck

Dieses einfache Rezept ist eine perfekte herzhafte Beilage für allerlei deftige Gerichte wie gebratene Ente oder Gans, Wild- oder Rinderbraten, Rouladen usw. Der fruchtige Rotkohl sorgt für einen erfrischenden Farbimpuls! Die natürliche Süße der Äpfel verleiht dem geschmorten Rotkohl einen wunderbaren Geschmack.

Zutaten für 4 Portionen

1 kg Rotkohl
1 Zwiebel
200 g geräucherter Speck
2 EL Butter
ca. 200 ml Apfelsaft
3 Äpfel
1 Lorbeerblatt
1/2 TL Salz
1/2 TL Pfeffer
3 EL Johannisbeerkonfitüre
2 EL Essig

Zubereitung

Den Kohl putzen, vierteln, vom Strunk befreien und in feine Streifen schneiden oder hobeln.

Die Zwiebel schälen, fein würfeln und den Speck ebenfalls in kleine Würfel schneiden.

Die Zwiebel- und die Speckwürfel in einem großen Topf in der erhitzten Butter anbraten. Den Kohl zugeben, kurz mitschwitzen lassen und dann mit dem Apfelsaft ablöschen.

Die Äpfel schälen, vom Kerngehäuse befreien und in kleine Würfel schneiden, diese sowie das Lorbeerblatt, Salz und Pfeffer zum Kohl geben.

Das Ganze ca. 60–90 Minuten köcheln lassen, immer wieder umrühren.

Die Johannisbeerkonfitüre und den Essig unter den Rotkohl mischen, abschmecken und eventuell nachwürzen, danach servieren.

Kołacz Śląski
Schlesischer Quark-Streuselkuchen

Der traditionelle schlesische Festtagskuchen wird oft zu Feiertagen und vor allem für Hochzeiten gebacken. Wie es die Tradition vorschreibt, verteilen Braut und Bräutigam vor der Hochzeit an Nachbarn und Freunde frisch gebackenen „*Kołacz*" mit einem Kärtchen, auf dem steht: „*Aby nasi goście w pamięci nas mieli, Młoda Para kołoczem się dzieli.*" Das bedeutet in etwa: „Damit sich unsere Gäste an uns erinnern, teilen wir mit ihnen den Kuchen."

Zutaten für 1 Kuchen (ca. 35 × 25 cm)

TEIG
450 g Weizenmehl
30 g Hefe
50 g Zucker
250 ml lauwarme Milch
50 g Butter
1 Ei

QUARKMASSE
200 g weiche Butter
200 g Zucker
3 Eier
1 kg Quark
40 g Speisestärke (oder 1 P. Vanillepudding)
etwas abgeriebene Schale einer Bio-Zitrone
1 P. Vanillezucker
2 EL Rosinen

STREUSEL
350 g Mehl
200 g Zucker
200 g Butter
1 P. Vanillezucker

Zubereitung

Das Mehl in eine Schüssel sieben, in die Mitte eine Vertiefung drücken.

Die Hefe in die Mulde bröckeln, mit einem Teelöffel Zucker und 50 ml der laufwarmen Milch verquirlen, in die Vertiefung gießen und zugedeckt an einem warmen Ort etwa 10–15 Minuten gehen lassen.

Die geschmolzene und etwas abgekühlte Butter sowie das Ei zufügen, mit den Knethaken des Handrührgeräts (alternativ mit der Küchenmaschine oder auch mit den Händen) gut verkneten, bis ein geschmeidiger Teig entstanden ist.

Den Teig zugedeckt an einem warmen Ort gehen lassen, bis er sein Volumen verdoppelt hat.

Für die Quarkmasse die Butter mit dem Zucker schaumig rühren. Die Eier, den Quark, die Speisestärke, die Zitronenschale, den Vanillezucker sowie die Rosinen zugeben und alles gut verrühren.

Ein tiefes Backblech (oder eine viereckige Backform) befetten und bemehlen, den Hefeteig in der Größe des Backblechs (oder der Backform) ausrollen, auf das Blech (oder in die Form) legen und die Quarkfüllung darauf gleichmäßig verstreichen.

Die Streuselzutaten vermengen und mit den Händen zu groben Streuseln zerreiben, auf die Quarkfüllung streuen.

Den Kuchen im auf 200 °C vorgeheizten Backofen etwa 40 Minuten backen.

Tipp

Nach dem Abkühlen falls gewünscht mit Puderzucker bestreuen.

Tipp

Man kann die Krapfen auch ohne Muffin-Papiermanschetten backen. Dazu den aufgegangenen Teig auf die Arbeitsfläche geben und in 10–12 gleich große Stücke teilen, diese zu Kugeln schleifen und auf ein mit Backpapier belegtes Backblech setzen. Abgedeckt weitere 20–30 Minuten gehen lassen. Anschließend wie rechts beschrieben backen. Die fertigen Krapfen füllen, dazu die Konfitüre in einen Dressiersack mit dünner Lochtülle füllen und seitlich in die Krapfen „spritzen".

Pączki z piekarnika

Ofen-Berliner (Ofenkrapfen)

„*Pączki*" sind die polnische Variante des in Deutschland als „Berliner" bekannten runden Hefegebäcks. Sie werden in Fett oder, kaloriensparend wie bei diesem Rezept, im Ofen gebacken und traditionell mit Hagebuttenkonfitüre oder anderen süßen Füllungen versehen. Meist werden sie mit einer Zuckerglasur versehen, können aber auch mit Puderzucker bestreut werden. Besonders häufig werden sie Ende Februar am sogenannten „*Tłusty czwartek*" (fetter Donnerstag) verspeist, weil nach einem alten polnischen Brauch Wohlstand und Reichtum zu erwarten ist, wenn an diesem Tag möglichst viele Süßigkeiten gegessen werden.

Zutaten für ca. 10 Stück

TEIG*

370 g Weizenmehl
50 g Zucker
35 g frische Hefe
3 Eier
170 g weiche Butter
Abrieb von ½ Bio-Orange
100 ml lauwarme Milch

200 g beliebige Konfitüre
Muffin-Papiermanschetten
1 Ei zum Bestreichen

GLASUR

ca. 4 EL Wasser
160 g Puderzucker
Aranzini oder buntes Backdekor (optional)

* Die Teigzutaten sollten Zimmertemperatur haben.

Zubereitung

Den Teig wie auf S. 36 beschrieben zubereiten, danach zugedeckt an einem warmen Ort gehen lassen, bis er sein Volumen verdoppelt hat.

Dann mit den Händen durchkneten und auf einer bemehlten Arbeitsfläche etwa ½ cm dick ausrollen.

Mit einem runden Ausstecher Kreise (etwa 7 cm Ø) ausstechen, mittig auf jeden Kreis 1 TL Konfitüre setzen, den Teig über der Füllung wie einen Kloß zusammenfassen und mit den Fingern gut verschließen.

Die gefüllten „Klöße" in die Papiermanschetten setzen und zugedeckt an einem warmen Ort etwa 20 Minuten gehen lassen.

Anschließend vorsichtig mit dem verquirlten Ei bestreichen.

Im auf 180 °C vorgeheizten Backofen ca. 17 Minuten backen.

Für die Glasur Wasser und Puderzucker glatt rühren, die Krapfen damit überziehen.

Falls gewünscht, auf die noch flüssige Glasur fein gehackte Aranziniwürfel oder buntes Backdekor streuen.

Szpajza

Zitronencreme

Dieses Dessert wurde früher in Schlesien auf jeder großen Feier serviert. Ob Hochzeiten, Kommunionen, runde Jubiläen oder andere Anlässe, immer wurde „*Szpajza*“ aufgetischt – entweder mit Zitronen- oder mit Schokoladengeschmack. Das Dessert ist ganz einfach zu bereiten, es erinnert an Mousse au Chocolat, nur mit Zitronengeschmack.

Zutaten für 4 Portionen

4 Eier
80 g Zucker
1 Bio-Zitrone
10 g Gelatine

Zubereitung

Die Eier trennen, die Eigelbe mit dem Zucker schaumig schlagen.

Den Schale der halben Zitrone abreiben und den Saft auspressen. beides zur Eigelb-Zucker-Mischung geben und unterrühren.

Die Gelatine in 4 Esslöffeln heißem Wasser auflösen und tröpfchenweise unter das Eigelb rühren.

Zum Schluss die Eiweiß steif schlagen und unterheben.

Die Creme ca. 30 Minuten kalt stellen, danach mit Zitronenscheiben dekoriert servieren.

Tipp

Die Mohnmasse passt auch gut als Fülle für anderes Gebäck, z. B. für Hörnchen oder Kolatschen (die Menge der Mohnmasse halbieren oder verdoppeln, je nachdem, wie viel Füllung man für das jeweilige Gebäck braucht).

Chałka z makiem

Mohnzopf

Ein Muss auf jedem festlich gedeckten Tisch in Polen ist der „*Makowiec*“, ein Mohnstrudel aus einem flaumigen Hefeteig mit süßer Mohnfüllung. Ob zu Weihnachten, zu Ostern oder zu Familienfeiern – dieser Genuss für den Gaumen ist ein wahrer Hingucker auf jedem Kaffeetisch. Hier mein abgewandeltes Rezept für einen Mohnzopf:

Zutaten für 2 Zöpfe

TEIG
400 g Weizenmehl Type 405
40 g frische Hefe
50 g Zucker
170 ml lauwarme Milch
2 Eier
50 g zerlassene Butter

MOHNMASSE
ca. 200 ml Milch
1 P. Vanillezucker
200 g Quetschmohn* (gemahlener Mohn)
60 g Zucker
1 EL Honig
50 g Rosinen (optional)

1 Ei und 1 EL Milch zum Bestreichen

ZUCKERGUSS
150 g Puderzucker
3–4 EL Zitronensaft

100 g Orangeat zum Bestreuen

* Wer keinen Quetschmohn im Supermarkt findet, kann auch Blaumohn verwenden. Dieser muss allerdings noch mit einer Mohnmühle oder in einem Multizerkleinerer gemahlen werden.

Zubereitung

Die Teigzutaten wie auf S. 36 beschrieben zu einem geschmeidigen Teig verkneten.

Den Teig zugedeckt an einem warmen Ort gehen lassen, bis er sein Volumen verdoppelt hat.

Für die Mohnmasse die Milch und den Vanillezucker in einem kleinen Topf zum Kochen bringen. Den Quetschmohn, den Zucker und den Honig in die kochende Milch rühren und bei niedriger Temperatur unter Rühren etwa 2 Minuten einköcheln lassen. Den Topf von dem Herd ziehen, falls gewünscht die Rosinen untermengen und die Mohnmasse 5 Minuten ziehen lassen.

Den Teig in zwei gleich große Stücke teilen, jedes Teigstück zu einem Rechteck ausrollen.

Jeweils die Hälfte der Mohnfüllung auf den Teigrechtecken verstreichen und beide mit Mohn bestrichenen Teigstücke einrollen.

Beide Teigrollen der Länge nach halbieren (an einem Ende jedoch nicht ganz durchschneiden!) und die Teighälften jeweils miteinander verdrehen.

Beide Zöpfe auf ein Backblech setzen, mit einem sauberen Geschirrtuch zudecken und an einem warmen Ort weitere 20 Minuten gehen lassen.

Das Ei und die Milch verquirlen den Zopf damit vorsichtig bepinseln.

Im auf 180 °C vorgeheizten Backofen etwa 40 Minuten goldbraun backen, danach abkühlen lassen.

Für den Zuckerguss Zucker und Zitronensaft glatt verrühren und den Mohnstrudeln damit bepinseln, abschließend mit Orangeat bestreuen.

Kleinpolen

Land & Leute

GEOGRAFIE & LANDSCHAFT

Kleinpolen liegt im Süden des Landes rund um Krakau mit Bergregionen (Teile der Tatra und der Karpaten), ausgedehnten Flusstälern, zahlreichen Teichen sowie großen Wiesen- und Waldgebieten.

Darüber hinaus verfügen die Städte Kleinpolens über große kulturelle und historische Traditionen, schließlich war Krakau jahrhundertelang die Residenzstadt der polnischen Könige. Krakau mit seinen beeindruckenden Denkmälern, dem wunderschönen Hauptmarkt und bezaubernden Boulevards ist eine der meistbesuchten Städte Polens.

GESCHICHTE & BRAUCHTUM

Von 1772–1918 war das Gebiet des heutigen Kleinpolens Teil der Österreichischen Monarchie; in der Österreichisch-Ungarischen Monarchie ab 1867 war es der Teil des „Königreichs Galizien" (Westgalizien). Der starke Einfluss der Wiener Küche, aber auch der galizischen Küche ist in Kleinpolens Kulinarik immer noch erkennbar. Nach dem Ende des Ersten Weltkriegs kam die Region wieder zu Polen.

Die Vielfalt Kleinpolens drückt sich vor allem in der Volkskultur aus, denn jeder Teil der Region hat seine eigenen farbenfrohen Trachten und unterschiedliche Bräuche (nicht nur im Zusammenhang mit religiösen Feiertagen), die auch heute noch ausgeübt werden. Meist werden dazu auch traditionelle Gerichte aufgetischt.

Regionale Besonderheiten & Produkte

KÄSE

Berühmt ist der geräucherte Schafskäse „*Oscypek*", der schon vor Jahrhunderten von Hirten hergestellt und zum Trocknen und Räuchern in ihren Hirtenhütten aufgehängt wurde. Der traditionsreiche elastische Schnittkäse ist auch heute noch beliebt, die Bezeichnung „*Oscypek*" ist eine EU-geschützte Herkunftsbezeichnung, nur die Schafbauern im „Almenvorland" (Podhale) der Tatraregion um Zakopane dürfen ihren Käse so nennen. Auch zahlreiche andere Käsesorten wie „*Bryndza*", „*Bundz*", „*Zenttyka*" und „*Redykołek*" sind in Kleinpolen beliebt.

FLEISCH UND FISCH

Typisch für die Region sind Wurst- und Räucherfleischspezialitäten, Aufstriche (Patés) und andere Köstlichkeiten. Über Polens Grenzen hinaus bekannt ist die Krakauer Wurst („*Kiełbasa Krakowska*"). Zu den Schätzen der kleinpolnischen Küche zählen weiters die berühmten Karpfen der Benediktinerinnen aus Staniątki oder die über Buchenholz geräucherten, zuvor in Salzlake eingelegten Ojcowski-Forellen.

OBST, GEMÜSE & ANDERE SPEZIALITÄTEN

In Raciechowice hat der Obstbau Tradition, vor allem Äpfel aus diesem Gebiet sind ein Aushängeschild. Weitere landwirtschaftliche Produkte sind Getreide, Kartoffeln und „*Piękny-Jaś*"-Bohnen (weiße Bohnen aus dem Dunajec-Tal), um nur einige zu nennen.

Rosenblütenmarmelade steht ebenso wie die Äpfel aus Raciechowice auf der Liste der traditionellen Produkte.

Rosenblütenmarmelade wird für Kuchen, Brötchen und besonders gerne zum Füllen der beliebten „*Pączki*" (Krapfen, die für den Fettdonnerstag zubereitet werden, verwendet.

Regionale Traditionsgerichte

Kleinpolen ist seit jeher für unterschiedlichste Produkte bester Qualität in großer Bandbreite bekannt, sorgten doch die Lebensmittelproduzenten rund um Krakau früher dafür, dass die königliche Tafel reichlichst gedeckt war. Es gibt Obst und Gemüse in Hülle und Fülle, Fleischprodukte vieler Art, Karpfen, Gebäckspezialitäten und vieles mehr – es ist also nicht verwunderlich, dass gerade in Kleinpolen die regionale Küche äußerst interessant ist, denn sie vereint die Aromen von Bergen und Flachland, die Raffinesse von Großstadtgerichten mit der Einfachheit von traditionellen Gerichten aus Dörfern. Dass Krakau als ehemalige Hauptstadt die traditionelle Küche Kleinpolens beeinflusst hat, zeigt sich unter anderem in der Bezeichnung „... nach Krakauer Art", die viele Gerichte tragen.

SUPPEN

Die Saure Roggensuppe nach Krakauer Art ist eines der bekanntesten und beliebtesten regionalen Gerichte aus Kleinpolen. Sie wird oft in Brot serviert, was ihr einen einzigartigen Geschmack verleiht. Roter Borschtsch nach Krakauer Art ist ebenfalls ein sehr charakteristisches regionales Gericht aus Kleinpolen, das mit seinem intensiven Geschmack und seinem farbenfrohen Aussehen begeistert. Es handelt sich um eine traditionelle Suppe, die aus Roter Bete und verschiedenen aromatischen Gewürzen zubereitet wird.

FLEISCH UND FISCH

Krakauer „*Maczanka*" könnte man als die Urgroßmutter des Burgers bezeichnen. Heute erfreut sich dieses sättigende Gericht wieder großer Beliebtheit und entwickelt sich zu einem trendigen Krakauer Streetfood. Ein Brötchen wird mit geschmortem Schweinenacken gefüllt und mit Zwiebeln, Pilzen oder Gurken verfeinert (das Rezept dazu finden Sie auf S. 138). Ebenfalls sehr beliebt in der gesamten Region ist Karpfen nach Krakauer Art, der wie die Ente nach Krakauer Art mit Buchweizen und Pilzen zubereitet wird. Diese Kombination der Zutaten verleiht einen einzigartigen Geschmack und Geruch – perfekt für Liebhaber der kleinpolnischen Küche.

KUCHEN & TORTEN

Die kleinpolnische Küche ist berühmt für ihre süßen Konditorei-Delikatessen. Viele werden wiederum mit Krakau in Verbindung gebracht, wie das berühmte traditionelle Dessert Pischinger (auch „*Piszinger*“ genannt). Dafür werden runde, dünne Waffeln bzw. Pischinger Oblaten mit einer Schokoladencreme abwechselnd geschichtet. Die „*Kremówka papieska*“, die seit Papst Johannes Paul II. dauerhaft mit Krakau in Verbindung gebracht wird, ist eine Art Sahnetorte, die auch „*Napoleonka*“ genannt wird.
Eine heute sehr beliebte traditionelle Spezialität ist der „*Sernik wiedeński*“, der Käsekuchen nach Wiener Art (Rezept siehe S. 146), aber auch Quarkkuchen mit Mürbeteigboden und einem charakteristischen Gitter oben drauf sind sehr beliebt.

BROT & GEBÄCK

Ein Brot, um das sich Geschichten ranken und das angeblich auf das 15. Jh. zurückgeht, ist das „*Chleb prądnicki*“-Brot. Das saftige Sauerteigbrot, das lange reift und aus bestem regionalem Roggen- und Weizenmehl vor allem in Krakau hergestellt wird, wird rund oder oval geformt und ist ein sogenanntes „Produkt mit geschützter Ursprungsbezeichnung“.
Auch die Krakauer „*Obwarzanki*“ (Rezept siehe S. 141) sind typisch für Kleinpolen und werden seit über 600 Jahren gebacken. Man kann sie häufig an mobilen Straßenständen kaufen. Bestreut werden sie mit Sesam, Mohn, Salz, Schwarzkümmel, Käse oder einer Mischung aus verschiedenen Gewürzen. Seit 2010 stehen sie auf der Liste der von der Europäischen Union geschützten Produkte.

Potrafka z Fasoli

Bohneneintopf

Dieser weiße Bohneneintopf ist ein traditionelles Rezept der polnischen Küche, auch wenn er in manchen Regionen Polens auch „*Fasolka po bretońsku*", also „Bretonischer Bohneneintopf" genannt wird. Wie bei vielen althergebrachten Rezepten handelt es sich um ein einfaches, herzhaftes und sättigendes Gericht, das noch dazu hervorragend schmeckt.

Zutaten für 4 Portionen

1 Bund Suppengemüse
ca. 500 ml Gemüsebrühe
1 Zwiebel
5 Knoblauchzehen
Öl zum Anschwitzen
200 g Wurst (dürre/Mettwurst oder polnische „kiełbasa", z. B. Krakauer)
200 g geräucherten Speck
500 g weiße Riesenbohnen aus der Dose
3 EL Tomatenmark
1 Dose klein gehackte Tomaten
1 EL Majoran
½–1 EL Chiliflocken
2 TL edelsüßes Paprikapulver
Salz und Pfeffer
2 EL brauner Zucker oder Rohrzucker

Zubereitung

Das Suppengemüse schälen und klein würfeln, in der Brühe ca. 20 Minuten bissfest kochen.

Die Zwiebel und die Knoblauchzehen schälen und fein hacken, in etwas erhitztem Öl glasig anschwitzen.

Die Wurst in Scheiben und den Speck in Würfel schneiden, zum Zwiebel-Knoblauch-Gemisch geben und goldbraun anbraten.

Anschließend samt abgetropften Bohnen, Tomatenmark und gehackten Tomaten zum bissfest gekochten Suppengemüse geben, unterrühren.

Sollte die Masse zu dick sein, einfach etwas Wasser hinzugeben und umrühren.

Mit den Gewürzen und Zucker nach Belieben würzen, noch etwa 10 Minuten köcheln lassen.

Tipp

Eine Garnitur mit einem Tupfen Crème fraîche und gehackter Petersilie sieht gut aus und verleiht dem Gericht eine besondere Note. Dazu passt knuspriges Bauernbrot.

Zupa z brukselką i kulkami mięsnymi

Rosenkohl-Hackbällchen-Suppe

Nicht nur in Kleinpolen werden viele traditionelle Suppen aus Gemüse und Fleisch zubereitet – das macht sie so nahrhaft und gesund. In meiner Version einer traditionellen Gemüse-Fleisch-Suppe kombiniere ich Rosenkohl und Hackbällchen.

Zutaten für 6 Portionen

SUPPE

650 g Rosenkohl
1 Zwiebel
3 Kartoffeln
2 Möhren
1 EL Butter
1 l Fleisch- oder Gemüsebrühe
1 TL Salz
½ TL Pfeffer
200 g Crème fraîche
3 Stängel frische Petersilie

HACKBÄLLCHEN

300 g gemischtes Hackfleisch
Salz und Pfeffer

Zubereitung

Den Rosenkohl putzen und die Strünke kreuzweise einschneiden. Die geschälte Zwiebel fein hacken, die Kartoffeln und die Möhren schälen und grob würfeln.

Die Butter in einem Topf erhitzen und die Zwiebelwürfel darin etwa 3–4 Minuten anrösten.

Danach den Rosenkohl sowie die vorbereiteten Gemüsewürfel dazugeben, die Fleisch- oder Gemüsebrühe angießen, eventuell etwas Wasser dazugeben, mit Salz und Pfeffer würzen und die Suppe zum Kochen bringen. Bei mittlerer Hitze etwa 15 Minuten garen.

Für die Bällchen das Hackfleisch kräftig mit Salz und Pfeffer würzen und durchkneten.

Das Öl in einer Pfanne erhitzen, aus dem Hackfleisch kleine Klößchen (etwa 1 cm Ø) formen und im heißen Öl etwa 5 Minuten rundum braun braten.

Sobald der Rosenkohl und die Gemüsewürfel in der Suppe bissfest sind, die Hackbällchen dazugeben und alles weitere 10–15 Minuten köcheln lassen.

Die Crème fraîche unterrühren und die Suppe mit Salz und Pfeffer abschmecken.

Mit fein gehackter Petersilie bestreuen.

Kaczka po krakowsku

Ente auf Krakauer Art

mit Buchweizen und Pilzen

Eine mit knuspriger Haut überzogene, gut gebratene Ente ist aromatisch, extrem weich und somit ein exquisites, wohlschmeckendes Gericht. Kein Wunder, dass viele Menschen es mit der traditionellen altpolnischen Küche assoziieren. In Krakau wird gebratene Ente gerne mit Buchweizen und Pilzen zubereitet.

Zutaten für 4 Portionen

1 küchenfertige Ente (etwa 2 kg)
1 TL Salz
½ TL Pfeffer
3 TL Majoran
3 EL flüssiger Honig
2 Zwiebeln
250 g Pilze (z. B. Champignons, Pfifferlinge ...)
ca. 200 ml Wasser
100 ml Sahne
200 g Buchweizen

Zubereitung

Die Ente von außen und innen reichlich mit den Gewürzen einreiben und mit dem Honig bestreichen.

Die Ente mit der Brust nach unten in einen großen Bräter legen, die in Würfel geschnittenen Zwiebeln sowie 200 ml heißes Wasser beifügen, den Bräter in den auf 180 °C Ober-/Unterhitze vorgeheizten Backofen schieben und ca. 90 Minuten zugedeckt garen, ab und zu umdrehen und mit dem Bratensaft begießen.

30 Minuten vor dem Bratende die geputzten und in mundgerechte Stücke geschnittenen Champignons in einer Pfanne leicht anbraten und zur Ente zugeben. Zum Schluss den Bratensaft mit der Sahne verfeinern, falls gewünscht nachwürzen oder eindicken.

Den Buchweizen nach Packungsanleitung kochen.

Danach die Ente tranchieren und mit Buchweizen, Pilzen und Bratensaft auf Tellern anrichten.

Tipp

Beim Umdrehen der Ente nicht in die Haut stechen, da sonst der Saft austritt und das Fleisch trocken und faserig wird. Damit das Fleisch saftig bleibt und sich leicht vom Knochen löst, sollte die Ente die meiste Zeit zugedeckt gegart werden; erst etwa 15 Minuten vor dem Garende den Deckel abnehmen.

Name

Straße

PLZ Ort

Telefon

E-Mail

☐ (Pflichtfeld) Ich bestätige, dass ich das 16. Lebensjahr vollendet habe und erteile meine ausdrückliche Zustimmung, dass die von mir oben angegeben Daten durch die Leopold Stocker Verlag GmbH zum Zweck der Vertragserfüllung und Leistungserbringung verarbeitet und an Auftragsverarbeiter weitergegeben werden, UND dass

☐ die angegeben Daten durch die Leopold Stocker Verlag GmbH zum Zweck des Newsletterversands verarbeitet, an Auftragsverarbeiter weitergegeben werden und ich werbliche Informationen und Angebote via Post, E-Mail, Telefon erhalte.

Ich kann meine Zustimmung jederzeit widerrufen. Dafür wende ich mich an die Leopold Stocker Verlag GmbH (Hofgasse 5, A-8010 Graz; Tel: 0043316/821636; E-Mail: datenschutz@stocker-verlag.com). Alle Infos: www.stocker-verlag.com/datenschutz.

Datum____________Unterschrift ____________________________

Bitte frankieren!

ANTWORTSENDUNG

Leopold Stocker Verlag

Postfach 438
Hofgasse 5
8011 Graz

Liebe Leserin, lieber Leser,

herzlichen Dank für Ihr Interesse an unseren Büchern! Der Leopold Stocker Verlag ist ein unabhängiges Familienunternehmen, deshalb ist uns der Kontakt mit unseren Kunden besonders wichtig. Wir senden Ihnen in Zukunft gerne Informationen über unsere Neuerscheinungen zu und bitten Sie, uns Ihre Fragen, Wünsche und Anregungen mitzuteilen!

Mit herzlichen Grüßen

Mag. Wolfgang Dvorak-Stocker

Diese Karte entnahm ich dem Buch: ______________________________

Fragen/Anregungen/Kommentare und Kritik zu diesem Buch oder unserem Programm:

____

____

____

Tipp

Statt frischer Pilze kann man getrocknete verwenden (Faustregel: 50 g Trockenpilze entsprechen 500 g Frischpilzen). Die getrockneten Pilze eine Stunde vor Verwendung einweichen, das Einweichwasser nicht wegschütten, sondern für die Sauce verwenden.

Tipp

Typische Beilagen sind Petersilienkartoffeln oder Kartoffelsalat. In Polen jedoch werden auch andere Beilagen wie z. B. Klöße dazu gereicht.

Sznycel wiedeński

„Sznyzel“ Wiener Art

(Wiener Schnitzel)

Die kulinarische Tradition Polens ist eine Mischung aus Einflüssen vieler Kulturen, In vielen Fällen haben die Gerichte, die wir heute essen, „Verwandte“ in den Küchen unserer Nachbarn. Die Idee, Fleisch zu panieren, stammt ursprünglich aus Italien. Die leicht abgewandelte Wiener Version des Gerichts verbreitete sich schnell in der gesamten österreichisch-ungarischen Monarchie, so auch in Polen, vor allem in Galizien. In Krakau hat fast jedes Restaurant „*Sznycel wiedeński*“ auf der Speisekarte.

Zutaten für 4 Portionen

4 dünne Kalbsschnitzel (à ca. 150 g)
1 TL Salz
½ TL Pfeffer
1 Prise Paprikapulver
ca. 80 g Weizenmehl
3 Eier
2 EL Sahne
ca. 150 g Paniermehl (vorzugsweise vom Bäcker)

Öl oder Butterschmalz zum Braten
1 Zitrone zum Garnieren

Zubereitung

Die Schnitzel kurz kalt abspülen, dann mit Küchenpapier trocken tupfen, mit Frischhaltefolie bedecken, sanft und vorsichtig flach klopfen (idealerweise etwa 5 mm dick).

Anschließend mit Salz, Pfeffer und Paprikapulver würzen.

Die Schnitzel zuerst im Mehl, dann im mit Sahne verquirlten Ei und zum Schluss im Paniermehl wenden.

So viel Öl oder Butterschmalz in einer großen Pfanne erhitzen, dass die Schnitzel darin schwimmen (damit sie gleichmäßig garen, ohne trocken zu werden).

Die Schnitzel einlegen, die Pfanne immer wieder leicht rütteln, damit heißes Fett auf die Oberfläche gelangt – so löst sich die Panade etwas vom Fleisch (sie „souffliert“; nur ein Schnitzel mit welliger, lockerer Panade ist ein echtes Wiener Schnitzel!).

Garniert mit Zitronenscheiben oder Zitronenspalten servieren.

Tipp

Schnitzel erst einlegen, wenn das Fett so heiß ist, dass es zischend aufschäumt, wenn man einige Brösel hineinfallen lässt.

Maczanka krakowska

Geschmorter Schweinenacken

im Brötchen

„*Maczanka Krakowska*" ist quasi polnisches Fast Food aus der Vorkriegszeit – sozusagen die polnische Antwort auf amerikanische Burger, nur viel schmackhafter! Es handelt sich um einen preiswerten, schnell zubereiteten Imbiss aus Weißbrot und Schmorbratenresten, die so mürbe sind, dass sie von selbst auseinanderfallen. Heute nennt man das „Pulled Pork". Der polnische Name bedeutet übersetzt in etwa „Eingetunkt auf Krakauer Art", weil traditionell das Brot vor dem Befüllen in den Bratensaft eingetunkt wurde.

Zutaten für 4–6 Portionen

ca. 800 g Schweinenacken
½ TL schwarzer Pfeffer
1 TL Salz
1 TL Kreuzkümmelpulver
1 TL süßes Paprikapulver
4 Knoblauchzehen
2 Zwiebeln
3 Pimentkörner
3 Lorbeerblätter
250 ml Hühner- oder Rinderbrühe

4–6 Brötchen
4 EL Meerrettich-Sahne aus dem Glas
2–3 eingelegte Gurken
1 Salatzwiebel

Zubereitung

Den Schweinenacken mit den Gewürzen und den zerdrückten Knoblauchzehen einreiben.

Mit den geschälten und halbierten Zwiebeln, Pimentkörnern und Lorbeerblättern in eine ofenfeste Form geben, Brühe dazugeben und zugedeckt bei 180 °C ca. 120 Minuten schmoren, bis der Schweinenacken leicht auseinanderzufallen beginnt.

Wenn der Schweinenacken gar ist, die Brötchen halbieren, die Unterseite und die Oberseite mit Meerrettich bestreichen.

Das zerzupfte Nackenfleisch mit etwas vom Bratensaft und den mitgebratenen Zwiebeln vermengen und auf die Unterseite der Brötchen verteilen.

In Scheiben geschnittene Gurken und in Ringe geschnittene Salatzwiebel darauflegen und mit den oberen Brötchenhälften bedecken.

Tipp

Natürlich kann – wie früher üblich – statt der Brötchen auch in dicke Scheiben geschnittenes Weißbrot verwendet werden.

Tipp

Die Kringel können wie Sandwiches beliebig belegt oder mit etwas Marmelade bestrichen werden. Aber auch pur schmecken sie einfach köstlich!

Obwarzanki krakowskie

„Brotkringel" (Bagels)

Dieses „runde Brotgebäck" ist außen kross und innen wunderbar fluffig. Die Rede ist von „*Obwarzanki*" – das zweifellos geschmackvollste Wahrzeichen der Stadt Krakau gehört in Polen zu den Backwerken mit jahrhundertealter Tradition. In Krakau sind frische Obwarzanki überall im Straßenverkauf erhältlich. Der Begriff „*obwarzyć*" bzw. „*obwarzać*" bedeutet „abkochen, brühen". Der Name des Gebäcks hängt also mit seiner Zubereitungsart zusammen, denn die Brotkringel werden vor dem Backen in kochendem Wasser gebrüht, was aber nicht zwingend gemacht werden muss.

Zutaten für ca. 8 Stück

TEIG*

500 g Weizenmehl
40 g frische Hefe
100 ml lauwarme Milch
½ TL Zucker
100 g Butter
100 ml lauwarmes Wasser
½ TL Salz

1 Eigelb
1 EL Milch
3 EL Sesam, Schwarzkümmel oder Mohn
optional geriebener Käse, Zwiebelflocken, gehackter Knoblauch, grobes Salz, Hagelzucker etc. (ganz nach persönlichem Geschmack)

* Die Teigzutaten sollten Zimmertemperatur haben.

Zubereitung

Das Mehl in eine Schüssel sieben, in die Mitte eine Vertiefung drücken, die Hefe zerbröckeln, mit 50 ml von der lauwarmen Milch und dem Zucker verquirlen, in die Vertiefung gießen und zugedeckt an einem warmen Ort etwa 10–15 Minuten gehen lassen.

Die Butter schmelzen und etwas abkühlen lassen, mit den restlichen Teigzutaten zum Mehl geben.

Mit den Knethaken des Handmixers (alternativ mit der Küchenmaschine oder mit den Händen) gut verkneten, bis der Teig geschmeidig und glatt ist.

Den Teig zugedeckt an einem warmen Ort gehen lassen, bis er sein Volumen verdoppelt hat.

Danach auf eine leicht bemehlte Arbeitsplatte geben und in 8 gleich große Stücke teilen. Jedes Teigstück zu einem 20 cm langen Strang rollen. Jeweils zwei Teigstränge miteinander verdrehen, die Enden zu Ringen zusammenfügen und gut zusammendrücken.

In einem Topf etwa 2 Liter Salzwasser aufkochen. Die Kringel nacheinander in das Wasser geben. Kurz warten, bis sie an der Oberfläche schwimmen und mit einem Schaumlöffel herausnehmen. Auf ein mit Backpapier ausgelegtes Backblech legen und noch 15 Minuten gehen lassen.

Das Eigelb mit der Milch verquirlen und die Kringel damit bepinseln, mit Mohn, Schwarzkümmel oder Sesam bestreuen.

Im auf 200 °C vorgeheizten Backofen ca. 20 Minuten goldgelb backen.

Buchty

Buchteln

Buchteln, auch unter den Namen „Ofennudeln", „Wuchteln" oder „Rohrnudeln" bekannt, kommen ursprünglich aus der böhmischen Küche und sind dort und auch in Österreich seit jeher eine beliebte Mehlspeise. Buchteln wecken bei mir schöne Kindheitserinnerungen, wir haben sie oft für das Sonntagsfrühstück gebacken. Wenn ich daran denke, steigt mir sofort der herrliche Duft von frisch aus dem Ofen kommenden flaumigen Buchteln in die Nase: das perfekte Seelenfutter!

Zutaten für ca. 12 Stück

TEIG*

500 g Weizenmehl
30–35 g Hefe
250 ml lauwarme Milch
60 g Zucker
75 g Butter
1 Ei
1 Prise Salz
1 P. Vanillezucker

25 g Butter für die Form und zum Bestreichen
Puderzucker zum Bestreuen

* Die Teigzutaten sollten Zimmertemperatur haben.

Zubereitung

Das Mehl in eine Schüssel sieben, in die Mitte eine Vertiefung drücken, die Hefe zerbröckeln, mit 50 ml von der lauwarmen Milch und 1 TL Zucker verquirlen, in die Vertiefung gießen und zugedeckt an einem warmen Ort 10–15 Minuten gehen lassen.

Butter schmelzen und etwas abkühlen lassen, anschließend mit allen übrigen Teigzutaten mit den Knethaken des Handmixers (alternativ mit der Küchenmaschine oder mit den Händen) gut verkneten, bis ein geschmeidiger Teig entstanden ist.

Den Teig zugedeckt an einem warmen Ort gehen lassen, bis er sein Volumen verdoppelt hat.

Eine Backform (28 cm Ø oder ca. 28 × 20 cm) mit ein wenig zerlassener Butter bestreichen.

Den Teig auf einer bemehlten Arbeitsfläche zu 2 langen Strängen formen, diese jeweils in 6 gleich große Stücke schneiden und die Teigstücke mit den Händen zu Kugeln formen.

Diese mit etwas Abstand zueinander in die Backform setzen. Noch einmal zugedeckt mindestens 20 Minuten gehen lassen.

Vor dem Backen die Oberfläche der Buchteln mit der restlichen zerlassenen Butter bestreichen.

Die Buchteln im auf 180 °C vorgeheizten Backofen etwa 20–25 Minuten Minuten hellbraun backen. Noch warm mit Puderzucker bestreuen.

Tipp

Die Buchteln kann man, bevor man die Teigstücke zu Kugeln rollt, auch mit etwas Marmelade oder Nougat füllen oder man genießt die fertigen Buchteln noch warm mit Vanillesoße oder Kompott.

Małdrzyki krakowskie

Quarkpfannkuchen

Krakauer Art

Diese einfache Süßspeise aus der traditionellen Krakauer Küche wird in vielen Haushalten gerne und oft aufgetischt. „*Małdrzyki krakowskie*" sind pralle, sättigende Pfannkuchen auf Quarkbais, die zum Frühstück, Mittagessen oder Abendessen serviert werden können. Durch die Zugabe von Marmelade, Honig, Ahornsirup oder einer cremigen Schokolade-, Karamell- oder Fruchtsauce können sie beliebig variiert werden.

Zutaten für 10–12 Stück

TEIG

400 g Quark (20 % F. i. Tr.)
1 Ei (Größe L) oder 2 Eier (Größe S)
1 EL geschmolzene Butter
2 EL Zucker
3–6 EL Weizenmehl
1 P. Vanillezucker

etwas Mehl zum Wälzen
Butterschmalz zum Braten

Zubereitung

Alle Teigzutaten zu einer gleichmäßigen, glatten Masse vermischen, z. B. mit dem Handmixer.

Aus der Quarkmasse kleine Kugeln formen und diese mit den Händen zu Scheiben flach drücken (ca. 2– 3 cm dick).

Anschließend in Mehl wälzen, im erhitzten Butterschmalz bei mittlerer Hitze auf beiden Seiten goldbraun ausbacken.

Mit Beeren und Honig oder Ahornsirup servieren.

Sernik wiedeński

Käsekuchen („Topfenkuchen“)

nach Wiener Art

Quark als Zutat für Kuchen hat in Österreich ebenso wie in Polen eine lange Tradition. In Österreich wird Quark als „Topfen“ bezeichnet, weshalb man dort von „Topfenkuchen bzw. Topfentorte“ spricht. Bei den Amerikanern sind solche Kuchen als „Cheescakes“ seit Jahren sehr im Trend. Auch im Deutschen werden Quarkkuchen heute meist „Käsekuchen“ genannt.

Zutaten* für 1 Springform (28 cm Ø)

10 Eier
250 g weiche Butter
300 g Puderzucker
1 kg Quark (20 % F. i. Tr.)
3 EL Weizenmehl
1 TL abgeriebene Schale von einer Bio-Orange

Butter für die Form

* Die Zutaten sollten Zimmertemperatur haben.

Zubereitung

Den Boden der Springform mit Backpapier auslegen, den Ring aufsetzen und die Form befetten.

Die Eier trennen. Die weiche Butter ca. 5 Minuten schaumig rühren.

Die Eigelbe mit dem Puderzucker verrühren und nach und nach (löffelweise!) zur Butter geben, rühren, bis die Masse homogen und schaumig ist. Den Quark, das gesiebte Mehl und die Orangenschale zugeben und alles zu einer sehr cremigen Masse verrühren.

Die Eiweiße steif schlagen und sehr vorsichtig unter die Quarkmasse heben. Die Masse in die Springform füllen und glatt streichen.

Im auf 180 °C vorgeheizten Backofen ca. 70 Minuten backen (zusätzlich eine Kastenform bis zur Hälfte mit kochendem Wasser füllen und auf den Boden des Backofens stellen**).

Nach dem Backen die Tür des Backofens aufmachen und den Kuchen im Backofen etwa 60 Minuten auskühlen lassen. Danach sollte der Kuchen mitsamt der Form im Kühlschrank am besten über Nacht durchziehen.

Tipp

** Durch den Wasserdampf, der sich im Backofen ausbreitet, verteilt sich die Hitze sanft und gleichmäßig im Ofen. Dadurch wird verhindert, dass der Käsekuchen an der Oberfläche reißt und die Ränder dunkel werden. Auch das Auskühlen des Kuchens im ausgeschalteten Backofen verhindert Risse.

GYVAS
MEDUS
45,
PL

Karpaten-vorland

Land & Leute

GEOGRAFIE & LANDSCHAFT

Das Karpatenvorland („*Województwo podkarpackie*") mit der Hauptstadt Rzeszów liegt im Südosten Polens und grenzt an die Ukraine und die Slowakei. Im hügelig-gebirgigen Süden der Region liegen die äußeren Ost- und die Waldkarpaten sowie die mittleren und niederen Beskiden. Es gibt im Karpatenvorland zahlreiche Naturschutzgebiete mit einzigartigen Pflanzen- und Tierarten und malerischen Wanderwegen. Eine der Hauptattraktionen ist das Bieszczady-Gebirge. Das Karpatenvorland ist bekannt für seine typische Holzarchitektur. Eine Route mit mehr als 130 einzigartigen Objekten führt z. B. an der ältesten gotischen Holzkirche in Haczów aus dem 15. Jh. vorbei.

BEVÖLKERUNG & BESONDERHEITEN

In dieser Region wird großteils polnisch mit kleinpolnischem Dialekt gesprochen; nur die Nachfahren von hier lebenden Ukrainern und Slowaken sprechen ihre jeweilige Nationalsprache. Die Menschen hier sind offen, herzlich, gastfreundlich und bewahren ihre religiösen Traditionen. Obwohl die Polen als Bier- und Wodkatrinker gelten, ist hier der Wein auf dem Vormarsch, denn bei Zabór liegt das große Lebuser Weinbauzentrum, das zu Polens größten Weinanbauflächen zählt (35 Hektar) und eine Station der „Wein- und Honigroute" ist.

Regionale Besonderheiten & Produkte

KÄSESPEZIALITÄTEN

In der Region werden sowohl Rinder als auch Ziegen und Schafe gehalten, aus deren Milch berühmter Käse wie z. B. „*Oscypek*“ oder „*Bryndza*“ gemacht wird. Die Herstellung von verschiedenen Käsesorten hat hier eine lange Tradition. Manche werden geräuchert, manche werden mit Schwarzkümmel, Knoblauch, Kräutern oder Pfeffer gewürzt. Die Rezepte werden von Generation zu Generation weitergegeben.

WEITERE SPEZIALITÄTEN

Doch nicht nur die tierischen Produkte dieser Region sind bekannt für ihre Qualität: Insgesamt wurden rund 250 Köstlichkeiten aus dem Karpatenvorland in die Liste der traditionellen Produkte des Ministeriums für Landwirtschaft und ländliche Entwicklung aufgenommen. Nach alter Tradition werden Köstlichkeiten wie Geräuchertes, Würste, Salzgurken, Honig, Honigwein, Wein, Bier, Liköre und andere Spirituosen u. v. m. hergestellt.

Regionale Traditionsgerichte

Das Gebiet des Karpatenvorlandes überschneidet sich teilweise mit der historischen Region Galizien im Grenzbereich zwischen Polen und der Ukraine. Deshalb hat die typische regionale Küche hier viel mit der galizischen Küche gemeinsam, die wiederum von der Wiener Küche, der ungarischen, ukrainischen und schlesischen Küche beeinflusst ist. Trotz dieser kulturellen Vielfalt ist die Küche im Karpatenvorland einfach. Die typischen Traditionsgerichte basieren in erster Linie auf regionalen Zutaten. Dennoch sind sie aufgrund der verschiedenen Tiere, die hier gehalten, der vielen Feld- und Gartenfrüchte, die hier angebaut und all den Produkten, die daraus hergestellt werden, sehr vielseitig.

PILZE & BEEREN

Die Bewohner im Karpatenvorland lieben Pilze oder Beeren, die sie mit Begeisterung sammeln und verarbeiten. Aus Waldpilzen werden Soßen oder Suppen gekocht oder sie werden getrocknet bwz. in Essig oder Öl eingelegt.

SAUERKRAUT, KARTOFFELN & GRÜTZE

Typisch für die Region sind Kartoffelgerichte, Grütze oder zahlreiche Gerichte mit Sauerkraut, wie z. B. die Sauerkrautsuppe mit Schweinerippchen („*Kwaśnica*", Rezept siehe S. 155) oder „*Fuczki*" (Sauerkrautpuffer, Rezept siehe S. 160). Natürlich muss der berühmte traditionelle Sauerkrauteintopf erwähnt werden: Der in ganz Polen beliebte „*Bigos*" (Rezept siehe S. 156) kann fast als polnisches Nationalgericht bezeichnet werden und wird oft zu Weihnachten aufgetischt. Ein großer Topf davon darf bei keiner polnischen Familienfeier fehlen. Fast jede Familie hat ihr eigenes Rezept.

FLEISCHGERICHTE

Die Küche des Karpatenvorlandes kennt verschiedene Varianten von Kohlrouladen. Neben der üblichen Füllung (Reis und Fleisch) gibt es die traditionelle regionale Variante mit Buchweizen oder Kartoffeln (Rezept siehe S. 167). Aus Hackfleisch gemischt mit Buchweizen und Gewürzen werden Frikadellen, die sogenannten „*Hreczanyki*" (Rezept siehe S. 159) hergestellt. Durch den historischen Einfluss vieler anderer Länderküchen haben hier jedoch auch Wiener Schnitzel, ungarisches Gulasch oder Eisbein Tradition.

TEIGTASCHEN & KLÖSSE

Typisch für das Karpatenvorland sind Pierogi mit Buchweizenfüllung („*Pierogi huculskie*"), aber auch die klassischen Pierogi mit Kartoffeln und Quark sind wie in ganz Polen beliebt. Nicht nur im Karpatenvorland, sondern auch im Nordosten Polens und in Litauen sind ovale Kartoffelknödel mit einer Fleischfülle („*Kartacze*", Rezept siehe S. 163) bekannt. Das Besondere an diesen Klößen ist, dass der Teig aus einer Mischung aus rohen und gekochten Kartoffeln zubereitet wird und weder Ei noch Mehl benötigt.

Eine weitere Delikatesse sind „*Gomółki*", kleine, walnussgroße Klößchen aus Quark, Ei, Paniermehl und verschiedenen Gewürzen, die bei geringer Temperatur im Ofen getrocknet werden und als Snack zu Bier gereicht oder traditionell zu Ostern zubereitet werden.

GEBÄCK & KUCHEN

Ein ganz besonderes Gebäck, das erstmals vor über 150 Jahren erwähnt wurde und in einer Pfanne gebacken wird, ist „*Proziaki*" (Rezept siehe S. 168). Dieses flaumige Gebäck beweist einmal mehr, dass oft die einfachsten Gerichte die besten sind. Das schnell gemachte „Brot" kann süß mit Honig oder Marmelade, aber auch pikant mit Knoblauch- oder Kräuterbutter genossen werden.

Der bekannteste Kuchen aus dem Karpatenvorland ist der „*Rzeszowiak*", gefüllt mit den beliebtesten Zutaten, die in der Region zum Füllen von traditionellem Gebäck verwendet werden: Die Kombination aus Mohn, Nüssen und Quark macht diese regionale Köstlichkeit, die nicht nur zu Weihnachten gebacken wird, so besonders. Gerne werden hier auch Schmarren oder verschiedenste Kuchen mit Beeren zubereitet.

Tipp

Falls gewünscht, kann man die Suppe vor dem Servieren mit fein gehackter Petersilie oder Schnittlauch bestreuen. Ein Topping aus gewürfeltem, in der Pfanne ausgelassenem Speck schmeckt ebenfalls prima.

Kwaśnica

Sauerkrautsuppe

Diese Suppe ist eine Spezialität der polnischen Bergregion Podhale. Eine richtig gute „*Kwaśnica*“ sollte eine gewisse Säure aufweisen, das verwendete Sauerkraut sollte also ordentlich sauer sein! Schweinerippchen sind die traditionelle fleischige Einlage, während Kartoffeln und Möhren für den Gemüseanteil sorgen. Lorbeer, Piment, Pfeffer und viel Kümmel verleihen der Sauerkrautsuppe ihre pikante Note. Manchmal wird der variationsreichen Suppe auch in Würfel geschnittener geräucherter Speck beigefügt.

Zutaten für 4–6 Portionen

400 g Sauerkraut
600 g Schweinerippchen
1 TL Salz
4 Wacholderbeeren
2 Lorbeerblätter
600 g Kartoffeln
1 große Möhre
¾ TL Pfeffer
1 TL Kümmel
1 TL Majoran

Zubereitung

Das Sauerkraut auspressen und mit einem Messer etwas zerkleinern, dann beiseitestellen.

Die Rippchen in Stücke schneiden und unter kaltem Wasser kurz abbrausen, in einen Topf geben, mit etwa 2,5 Litern kaltem Wasser übergießen und zum Kochen bringen.

Dann die Temperatur reduzieren und ca. 40 Minuten zugedeckt köcheln lassen. Den Schaum, der sich beim Kochen auf der Oberfläche bildet, ab und zu abschöpfen.

Die Kartoffeln und die Möhre in Würfeln schneiden, mit den Gewürzen zu den Schweinerippchen geben (zuvor die Lorbeerblätter und die Wacholderbeeren entfernen) und 20 Minuten mitkochen.

Dann das Sauerkraut hinzufügen und weitere 10 Minuten kochen.

Staropolski Bigos rodzinny przepis

Altpolnischer Sauerkrauteintopf

„*Bigos*" gehört angeblich zu den ältesten polnischen Gerichten, die aufgezeichnet wurden. Kein Wunder, dass dieses Gericht seit jeher beliebt ist, denn Eintöpfe kommen mit einfachen Zutaten aus und sind ebenso nahrhaft wie schmackhaft.

Zutaten für ca. 10 Portionen

80–100 g getrocknete Pilze (z. B. Steinpilze)
1 kg Sauerkraut
1 kg Weißkohl
Salz
5 Pimentkörner
4 Lorbeerblätter
4 Gewürznelken
5 Wacholderbeeren
1 TL Majoran
Pfeffer
600 g Schweinegulaschfleisch (oder Nackenfleisch)
Öl oder Butterschmalz zum Anbraten
2 Zwiebeln
300 g geräucherter Speck
400 g Wurst (z .B. Mettwurst, Krakauer)
200 g getrocknete Pflaumen
300 ml trockener Rotwein

Zubereitung

Die Pilze in einem kleinen Topf mit 500 ml kaltem Wasser am besten über Nacht einweichen lassen, danach im Einweichwasser ca. 20 Minuten weich kochen. Anschließend abseihen und abtropfen lassen (das Einweichwasser aufbewahren!), dann die Pilze in Streifen schneiden.

Das Sauerkraut kurz abspülen (aber nur, wenn es sehr sauer ist), abtropfen lassen, fein hacken und in einen Topf geben.

Mit etwas kochendem Wasser aufgießen (so viel, dass das Sauerkraut bedeckt ist) und zugedeckt weich kochen (etwa 40 Minuten).

Den Weißkohl von den äußeren Blättern und vom Strunk befreien, zerkleinern und in einem Topf mit etwas kochendem Wasser übergießen (so viel, dass der Kohl bedeckt ist). Mit 1 TL Salz würzen und weich kochen (ca. 30 Minuten).

Den gekochten Kohl abseihen, abtropfen lassen und mit dem weich gekochten Sauerkraut vermischen, die gehackten Pilze und das Einweichwasser sowie die restlichen Gewürze hinzufügen.

Das Fleisch in Würfel schneiden und in erhitztem Öl oder Butterschmalz goldbraun braten, dann salzen. Separat die fein gehackten Zwiebeln mit dem gewürfelten Speck und der Wurst anbraten. Zusammen mit dem Fleisch zum Sauerkraut-Kohl-Gemisch geben.

Die in Streifen geschnittenen Pflaumen ebenfalls hinzufügen und mit dem Wein aufgießen.

Einen Deckel auf den Topf geben (dabei einen kleinen Spalt freilassen) und den Eintopf mindestens 60 Minuten kochen, danach mit Salz und Pfeffer abschmecken.

Tipp

Was nicht sofort gegessen wird, abkühlen lassen und im Kühlschrank aufbewahren (hält sich bis zu einer Woche). Bigos ist gerade deshalb so beliebt, weil er gut auf Vorrat gekocht werden kann. Aufgewärmt schmeckt er sogar noch besser (angeblich ist er am besten, wenn er mindestens dreimal aufgewärmt wird).

Tipp

Man kann Bigos in Portionsgröße einfrieren oder in Gläsern einkochen und so haltbar machen. Dazu das frische Gericht in heiß ausgewaschene bzw. ausgekochte 1-Liter-Einmachgläser füllen; darauf achten, dass so wenig Luft wie möglich in den Gläsern ist. Die vollen Gläser dann verschließen und im Backofen bei 100–120 °C ungefähr 20–30 Minuten einkochen (einwecken). Das hält kühl und dunkel aufbewahrt im günstigsten Fall bis zu einem Jahr.

Tipp

Mit Salzkartoffeln und Salat servieren.

Hreczanyki

Frikadellen mit Fleisch

und Buchweizengrütze

Fleischfrikadellen gehören zu den beliebtesten polnischen Gerichten. Abgesehen von „*Kotlety*" (Schweineschnitzeln) werden sie am häufigsten für Familienessen zubereitet. Es gibt jedoch ein Rezept aus der lokalen Küche des Karpatenvorlandes, das den Fleischfrikadellen ernsthaft Konkurrenz macht: die „*Hreczanyki*", die zusätzlich zum Hackfleisch auch Buchweizen enthalten. Sie können mit beliebigen Soßen serviert werden, am besten schmeckt jedoch eine Pilzsoße dazu (Rezept siehe S. 62).

Zutaten für 4–6 Portionen

200 g Buchweizenkörner
2 große Zwiebeln
1 TL Butter
1 Bund frische Petersilie (optional)
500 g Hackfleisch
3 Eier (Größe M)
4 Knoblauchzehen
1 TL Salz
¼ TL Pfeffer

etwas Paniermehl zum Wälzen
Öl oder Schmalz zum Braten

Zubereitung

Den Buchweizen nach Packungsanleitung kochen, abseihen und auskühlen lassen (am besten am Vortag kochen).

Die Zwiebeln klein schneiden und in der erhitzten Butter glasig anbraten.

Die Petersilie kurz unter kaltem Wasser abbrausen, gut abschütteln und fein hacken.

Das Hackfleisch in eine Schüssel geben, die restlichen Zutaten dazugeben, alles gut vermengen und abschmecken.

Aus der Hackfleischmasse kleine, runde Frikadellen formen und diese im Paniermehl wälzen.

Anschließend die Frikadellen in einer Pfanne in erhitztem Öl oder Schmalz auf beiden Seiten einige Minuten bei nicht allzu hoher Temperatur anbraten.

„Fuczki Kotlet"

Sauerkrautpuffer mit Kräuterdip

„*Fuczki*" sind eine regionale Spezialität des Karpatenvorlands und eine hervorragende Alternative zu herkömmlichen Kartoffelpuffern. Dieses Gericht wird als Hauptgericht oder als Beilage zu Fleisch oder sogar Fisch aufgetischt und meist mit einer Soße oder einem Dip aus saurer Sahne oder Joghurt mit Schnittlauch, Dill oder zerdrückten Knoblauchzehen serviert. Am besten schmecken die Puffer direkt aus der Pfanne, wenn sie noch knusprig sind.

Zutaten für 4 Portionen

300 g Sauerkraut
160 g Weizenmehl
1 Ei
180 ml Milch
Salz und Pfeffer
1 TL Majoran
1 TL Kümmel

Butterschmalz oder Öl zum Braten

DIP

½ Bund Petersilie
½ Bund Schnittlauch
1 Knoblauchzehe
200 g Crème fraîche
Salz und Pfeffer

Zubereitung

Das Sauerkraut mit den Händen gut ausdrücken und fein schneiden.

Das Mehl in eine Schüssel geben, das Ei und die Milch dazugeben, die Gewürze sowie das Sauerkraut zugeben und alles gut vermengen.

Etwas Butterschmalz oder Öl in einer großen beschichteten Pfanne erhitzen.

Mit einem Esslöffel einen großen Klecks Sauerkrautmasse in das heiße Fett geben, den Puffer rund 4 Minuten anbraten, bis die Ränder knusprig sind.

Dann mit einem Pfannenwender umdrehen, auf der zweiten Seite etwa 2 Minuten goldbraun braten.

Mit der restlichen Sauerkrautmasse so fortfahren, bis sie aufgebraucht ist. Die fertig gebratenen Sauerkrautpuffer auf Küchenkrepp legen und im Backofen warm halten, bis alle Puffer fertig gebraten sind.

Für den Dip Schnittlauch und Petersilie waschen, gut abschütteln, fein hacken, Knoblauch schälen und pressen, alle Dipzutaten gut vermengen und mit Salz und Pfeffer abschmecken.

Kartacze

Kartoffelknödel
mit Fleischfüllung

Diese Kartoffelknödel sind ein typisch regionales Gericht im Karpatenvorland. Generell sind „*Kartacze*“ jedoch in ganz Polen, vor allem in den nordöstlichen Regionen beliebt. Auch in Litauen sind sie sozusagen ein „Nationalgericht“. Sie heißen dort „*Cepelinai*“, weil ihre Form an ein Zeppelin erinnert.

Zutaten für 10–12 Stück

TEIG
2 kg Kartoffeln
½ TL Salz

FÜLLUNG
2 Zwiebeln
800 g Schweinehackfleisch
etwas Öl
2 Knoblauchzehen
1 TL Salz
½ TL Pfeffer
1 TL Majoran

250 g Räucherspeck
1 Zwiebel
etwas Butter zum Braten

Zubereitung

Für den Teig 500 g von den Kartoffeln weich kochen, danach abseihen, schälen und durch die Kartoffelpresse drücken.

Für die Füllung die Zwiebeln fein schneiden und im erhitzten Öl glasig dünsten, danach mit dem Hackfleisch und dem gepressten Knoblauch vermischen, mit Salz, Pfeffer und Majoran würzen, abkühlen lassen.

Die restlichen Kartoffeln für den Teig schälen und fein reiben. Ein mit einem feinen Baumwolltuch ausgelegtes Sieb auf eine Schüssel setzen, die geriebenen Kartoffeln darin abtropfen lassen bzw. leicht ausdrücken und die Flüssigkeit stehen lassen, bis sich die Stärke am Boden der Schüssel abgesetzt hat.

Danach die Flüssigkeit vorsichtig abgießen und die Stärke zu den geriebenen Kartoffeln dazugeben (die Stärke sorgt dafür, dass die Klöße nicht auseinanderfallen).

Die geriebenen mit den gepressten Kartoffeln gut vermengen und salzen (wenn der Teig zu weich sein sollte, ein bisschen Mehl dazugeben).

Den Teig in 10–12 Stücke teilen, diese leicht flach drücken und mit der Hackfleischmischung füllen, anschließend zu etwa 10 cm langen ovalen Klößen formen (gut verschließen und darauf achten, dass keine Füllung herausquillt).

Die Klöße in reichlich leicht gesalzenem Wasser etwa 20 Minuten kochen, bis sie an der Oberfläche schwimmen.

Speck und Zwiebel in kleine Würfel schneiden und in wenig Butter knusprig braten.

Die fertigen Klöße mit einer Schaumkelle herausheben und abtropfen lassen, anschließend mit dem Speck-Zwiebel-Gemisch begießen.

Zapiekany kurczak z warzywami

Knusprige Hühnerkeulen
mit Ofengemüse

Auch wenn dieses Gericht kein Traditionsgericht ist, so könnte es das durchaus sein: In Polen hat man eine Vorliebe für Hühnerfleisch, und Gemüse ist sowieso seit jeher wichtiger Bestandteil der polnischen Küche. Außerdem trifft dieses unkomplizierte Gericht sicher jeden Geschmack!

Zutaten für 4–6 Portionen

4–6 Hühnerkeulen
500 g kleine Kartoffeln
250 g Möhren
3 rote Zwiebeln
1 Zucchino
2 Paprikaschoten
4 Knoblauchzehen
2 TL edelsüßes Paprikapulver
1 EL rosenscharfes Paprikapulver
etwas Salz und Pfeffer
1 EL fein gehackte Kräuter der Saison
ca. 8 EL neutrales Öl

Zubereitung

Die Hühnerkeulen unter kaltem Wasser abbrausen, abtupfen und beiseitestellen.

Die Kartoffeln, die Möhren und die Zwiebeln schälen, Zucchino waschen und alles in grobe Stücke bzw. Spalten schneiden.

Die Paprikaschoten waschen und von weißen Adern befreien, ebenfalls in Stücke schneiden, Knoblauch schälen und halbieren.

Die Hühnerkeulen mit etwas vom Paprikapulver, Salz, Pfeffer und Öl einreiben.

Die Gemüsestücke auf dem Backblech verteilen, mit den restlichen Gewürzen und dem restlichen Öl vermischen. Die Hühnerkeulen auf dem Gemüse verteilen.

Im auf 180 °C vorgeheizten Backofen ca. 60 Minuten knusprig braten.

Tipp

Wer es nicht so würzig mag, verwendet 2 EL edelsüßes Paprikapulver und lässt das rosenscharfe weg. Wer es schärfer mag, kann fein gehackte Chilischote unter das Gemüse mengen.

Tipp

Als Beilage passen Kartoffeln oder ein Stück Brot. Klassische Kohlrouladen werden mit Weißkohl zubereitet. Man kann jedoch auch Spitzkohl oder Wirsing nehmen..

Tipp

Wenn das Wickeln nicht gut klappt, ist das Kohlblatt wahrscheinlich nicht genug vorgegart worden und muss noch einmal kurz in heißem Wasser blanchiert werden.

Tradycyjne gołąbki z kaszą gryczaną i mięsem w sosie pomidorowym

Kohlrouladen mit Buchweizen

und Fleisch in Tomatensoße

„*Gołąbki*" sind ein Klassiker der polnischen Küche. Meist werden sie mit Reis und Hackfleisch gefüllt, im Karpatenvorland wird der Reis oft durch Buchweizen oder Kartoffeln ersetzt. Sie sind deftig, sättigend und häufig werden die Rezepte von Generation zu Generation weitergegeben.

Zutaten für 8 -10 Stück

100 g Buchweizen
1 Kohlkopf (ca. 2,3 kg)
80 g Zwiebeln
700 g Schweinehackfleisch
1 TL Salz
¾ TL Pfeffer
2 TL Majoran

SOSSE
500 ml Wasser
500 g gehackte Tomaten aus der Dose
1 TL Salz
¾ TL Pfeffer
2 TL Majoran
1 EL Zucker
150 g Crème fraîche

1 Bund Dill

Zubereitung

Buchweizen nach Packungsanleitung kochen und abkühlen lassen. Vom geputzten Kohl 8–10 Blätter abtrennen und in kochendem Wasser blanchieren, abseihen und abtropfen lassen. Damit sich die Blätter gut einrollen lassen, den harten Mittelstrunk keilförmig herausschneiden.

Die Zwiebeln in sehr feine Würfel schneiden, in einer Pfanne in etwas erhitzter Butter anbraten. Hackfleisch mit den Zwiebeln, dem Buchweizen, Salz, Pfeffer und Majoran vermengen, abschmecken und eventuell nachwürzen.

Auf jedem Kohlblatt jeweils am Strunkansatz eine Portion Hackfleischmasse legen. Die Seitenränder des Kohlblatts einschlagen und die Rouladen einrollen. Wenn nötig, mit Küchengarn zusammenbinden.

Den restlichen Kohlkopf vierteln, vom Strunk befreien und grob schneiden Einen hitzebeständigen Schmortopf oder eine Auflaufform mit dem Kohl auslegen. Die Kohlrouladen darauf gleichmäßig verteilen.

Für die Soße in einem Topf Wasser und gehackte Tomaten erhitzen, mit Salz, Pfeffer, Majoran und Zucker würzen.

Die Kohlrouladen mit der Soße übergießen, im auf 200 °C Ober-/Unterhitze vorgeheizten Backofen zugedeckt 70 Minuten schmoren lassen.

15 Minuten vor dem Garende den Deckel abnehmen, so bekommen die Kohlrouladen eine bräunliche Farbe und werden leicht überbacken.

Die Kohlrouladen herausnehmen und Crème fraîche in die Soße rühren, Kohlrouladen und Soße auf Tellern anrichten und vor dem Servieren mit Dill bestreuen.

Proziaki

Pfannenbrötchen

Eines der charakteristischsten Spezialgerichte für das Karpatenvorland sind die köstlichen sogenannten „*Proziaki*“, eine schnelle und günstige Alternative zu Brot. Sie werden auf dem Herd gebacken und wurden früher meistens mit Butter, süßer Sahne oder einem Glas Milch serviert. Heutzutage werden sie gerne mit Zucker, Honig, Marmelade oder auch pikant mit Knoblauchbutter oder anderen Aufstrichen gegessen. Sie sind also eine perfekte Grundlage für das Frühstück, wenn einmal das Brot ausgeht oder man keine Lust hat, zum Bäcker zu gehen.

Zutaten für 12–14 Stück

500 g Weizenmehl
250 ml Buttermilch
1 Ei
1 TL Natron
½ TL Salz
½ TL Zucker

Zubereitung

Alle Zutaten gut verkneten, sodass ein geschmeidiger Teig entsteht (dieser kann etwas klebrig sein).

Den Teig auf einer mit Mehl bestreuten Arbeitsfläche ca. 5 mm dick ausrollen, daraus mit einem Glas Kreise ausstechen.

Die Kreise mit einem Tuch bedecken und 15 Minuten ruhen lassen (dann gehen sie in der Pfanne besser auf).

Danach in einer Pfanne ohne Fett auf beiden Seiten ca. 3–5 Minuten goldgelb backen, immer wieder wenden.

Cebularz

Zwiebelgebäck

Charakteristisch für „*Cebularz*" ist die reichliche Verwendung von Zwiebeln. Typischerweise wird der Hefeteig dünn ausgerollt und mit dünnen Zwiebelringen belegt. Manchmal werden auch Sesam- oder Mohnsamen auf die Oberfläche des Zwiebelgebäcks gestreut. Anschließend wird das Fladenbrot im Ofen gebacken, bis der Teig goldbraun und knusprig und die Zwiebeln weich und leicht karamellisiert sind. Je nach Region gibt es verschiedene Belag-Varianten, z. B. mit Speck, Schinken oder Sauerkraut.

Zutaten für ca. 10–12 Stück

TEIG*

500 g Weizenmehl
ca.30–35 g Hefe
60 g Zucker
1 Ei
75 g Butter
1 Prise Salz
250 ml Milch

BELAG

4 Zwiebeln
ca. 4 EL Butter

1 Ei zum Bestreichen

* Die Teigzutaten sollten Zimmertemperatur haben.

Zubereitung

Für den Teig das Mehl in eine Schüssel sieben, in die Mitte eine Vertiefung drücken. Die Hefe zerbröckeln, mit 1 TL vom Zucker und 50 ml lauwarmer Milch verquirlen, diese Mischung in die Vertiefung gießen und zugedeckt an einem warmen Ort ca. 10–15 Minuten gehen lassen.

Die geschmolzene, leicht abgekühlte Butter mit allen übrigen Teigzutaten vermengen und kneten, bis ein geschmeidiger Teig entstanden ist.

Den Teig zugedeckt an einem warmen Ort gehen lassen, bis er sein Volumen verdoppelt hat.

Die Zwiebeln schälen, in grobe Würfel oder Ringe schneiden, in der erhitzten Butter die Zwiebeln unter ständigem Rühren glasig dünsten. Anschließend mit Salz und Pfeffer würzen.

Den Teig auf einer bemehlten Arbeitsfläche zu zwei langen Strängen formen, ca. 10–12 Stücke abschneiden und die Teigportionen mit den Händen zu flachen Kugeln formen. Mit etwas Abstand auf ein mit Backpapier ausgelegtes Backblech legen.

Mit der Unterseite eines kleineren Glases (ca. 5 cm Ø) die Mitte der Kugeln noch flacher drücken, sodass eine Vertiefung für den Belag entsteht.

Danach die Zwiebel in die Vertiefung füllen, das Gebäck mit verquirltem Ei bestreichen.

Im auf 180 °C vorgeheizten Backofen ca. 20–25 Minuten backen.

Ogórki kiszone

Salzgurken

In Polen war das Einlegen oder Einkochen von Obst und Gemüse seit jeher eine wichtige Methode zum Haltbarmachen der reichen Ernte im Sommer und Herbst, damit man im Winter auf die gesunden Vorräte zurückgreifen konnte. Die Tradition des Einmachens ist in fast jedem polnischen Haushalt tief verwurzelt und wird von Generation zu Generation weitergegeben – wie z. B. das Rezept meiner Großmutter für Salzgurken nach einer uralten Methode.

Zutaten für 2 Gläser (à 1 Liter)

1 kg Einlegegurken
4 große Knoblauchzehen
1 Stück (ca. 10 cm) frischer Meerrettich
½ Bund frischer Dill mit Blütendolden
1,5 l Wasser
52 g Salz
2 große Einmachgläser (vor dem Befüllen mit kochendem Wasser ausspülen)

Zubereitung

Gurken waschen, eventuell kräftig abbürsten und trocken tupfen, Knoblauch schälen und auf die beiden Gläser verteilen.

Meerrettich in Scheiben schneiden und die Gurken eng und aufrecht stehen in die Gläser schichten, Meerrettichscheiben und Dillstängel dazwischen hineinstecken.

Das Wasser mit dem Salz aufkochen, die Gurken mit dem kochenden Salzwasser komplett übergießen, bis die Gläser voll und die Gurken mit Wasser bedeckt sind.

Die Gläser mit Schraubverschlussdeckeln gut verschließen und an einem warmen Ort 4 Tage stehen lassen.

Nach dieser Zeit kann man die Salzgurken schon genießen, aber richtig würzig und aromatisch werden sie erst nach 2–3 Wochen (kühl und dunkel lagern).

Tipp

Ich verwende bevorzugt natürliches, grobes Salz ohne Zusätze (kein Jod, keine Folsäure). Die Faustformel für die Salzlake lautet: 1 EL Salz auf 1 Liter Wasser.

Tipp

Wichtig ist, dass die Gurken immer eng in die Gläser geschichtet werden und komplett mit der Salzlake bedeckt sind.

Ciasto z Jabłkami i bezą

Apfel-Baiser-Kuchen

Polen ist ein bedeutender Produzent von Äpfeln mit zahlreichen EU-Zertifikaten für geschützte Regionalprodukte. Äpfel waren jedoch schon immer ein fester Bestandteil der polnischen Küchenkultur. Typisch polnisch sind z. B. der berühmte Apfelkuchen „*Szarlotka*" oder Bratäpfel mit Honig und getrockneten Früchten. Einer meiner Lieblingskuchen ist der Apfel-Baiser-Kuchen – ein wahrer Genuss, perfekt zum Nachmittagskaffee.

Zutaten für eine Springorm (ca. 26 cm Ø)

KUCHENMASSE

ca. 120 g Äpfel
200 g weiche Butter
4 Eier (Größe M)
200 g Weizenmehl
150 g Puderzucker
1 TL Backpulver
1 P. Vanillezucker

BAISER

3 Eiweiße
1 Prise Salz
150 g Zucker
2 TL Kartoffelstärke

Zubereitung

Für den Kuchen die Äpfeln schälen, vierteln, vom Kerngehäuse befreien und in Würfel schneiden.

Die weiche Butter cremig rühren, die restlichen Zutaten für den Kuchen hinzufügen und alles gut vermengen, zum Schluss die Apfelstücke unter den Teig heben.

Die Kuchenmasse in eine mit Backpapier ausgelegte Springform (26 cm Ø) geben und glatt streichen.

Den Kuchen im auf 180 °C Ober-/Unterhitze vorgeheizten Backofen ca. 20 Minuten backen.

Für das Baiser Eiweiße in einer sauberen Schüssel mit Salz schaumig schlagen, dann Zucker und Kartoffelstärke langsam einrieseln lassen und so lange steif schlagen, bis der Eischnee schnittfest ist.

Den Kuchen aus dem Ofen nehmen, die Baisermasse auf den Kuchen geben und „wellig" auf der Oberfläche verstreichen.

Anschließend den Kuchen weitere 20 Minuten backen (Stäbchenprobe machen), fertigen Kuchen aus dem Ofen nehmen und auskühlen lassen.

Polens Vielfalt der Regionen

Polen ist in 16 Woiwodschaften eingeteilt. Die farbig markierten Regionen sind jene, die im Buch beschrieben sind.

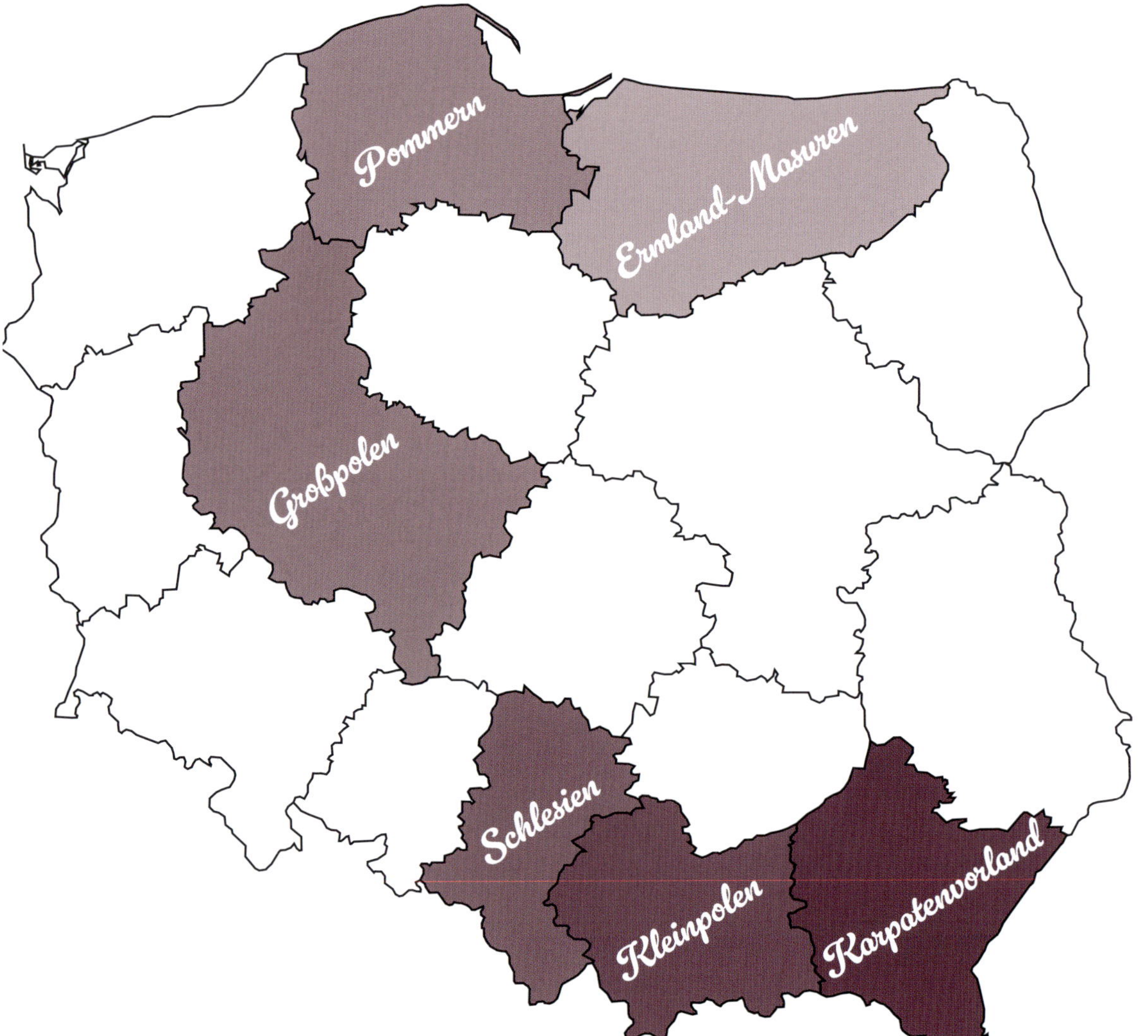

DELMONICO CUT
STEAKHOUSE

Kaszëbë